AF321309

SIXIÈME LISTE

DE

BLESSÉS FRANÇAIS

RECUEILLIS PAR LES TROUPES ALLEMANDES

PUBLIÉE PAR LE

COMITÉ INTERNATIONAL DE GENÈVE

Se vend au profit de l'œuvre des secours aux blessés

CHEZ GEORG, LIBRAIRE

BALE & GENÈVE

28 FÉVRIER 1871

SIXIÈME LISTE

DE

BLESSÉS FRANÇAIS

RECUEILLIS PAR LES TROUPES ALLEMANDES

28 FÉVRIER 1871

Pour les militaires décédés, voir la seconde partie de cette liste.

Augerand, Pierre, 2e ligne, 1er b., 5e c. — Guéri ; interné à Brême.
Alberge, François, Molines, 15e ligne, 2e b., 3e c., coup de feu au bras g. — Guéri ; interné à Leipzig.
Allègre, Fortuné, 4e chass., 5e esc. — Hôpital de réserve 1, Cassel. Evacué sur Lissa.
Argaul, Ernest, garde mobile. — 4e Ambulance de la garde, Gonesse. Evacué sur Juilly.
Amic, Firmin, 13e ligne. Hôpital civil, Trèves.
Alacaud, Jean, Chesniers (Creuse), 17e chass., caporal. — Hôp. de Carlsruhe. Rapatrié.
Ada-ben-Mohamed, 2e turcos. — Hôpital de Carlsruhe. Rapatrié.
Allègre, Jos., Vals, 48e ligne. — Hôpital de Carlsruhe. Evacué sur Rastadt.
Asen-ben-Abdallah, No 1792, 2e turcos, caporal. — Hôpital de Carlsruhe. Evacué sur Rastadt.
Albert, François, Tour-Landry (Mayenne), 1er huss., 6e esc., coup de feu au bras g. — Hôpital général, Mannheim.
Artz, Antoine, Weitbruch (Bas-Rhin), garde mobile, 7e c. — Hôpital militaire, Mannheim.
Auer, Joseph, Salenthal (Bas-Rhin), garde mobile, 1re c. — Hôpital militaire, Mannheim.
Auriac, Antoine, 100e ligne. — Hôpital de réserve, Oppeln.
Adam, Alexandre, 36e ligne. — Hôpital de réserve, Dessau. Evacué sur Wittenberg.
Argentier, Céleste, 33e ligne. — Hôpital baraque 2, Berlin.
Anglade Aimable, 77e ligne. — 9e Ambulance du 6e corps, Etampes. Evacué sur Corbeil.
Aubry, Joseph, 69e ligne. — Hôpital de Wrietzen. Evacué sur Stettin.
Anglais, Aimable, Milly, 10e artill., 10e batt. — Hôpital militaire, Altenbourg.
André, Jean-Nicolas, 75 ligne. — Ambulance du 3e Corps, Pont à-Mousson.
Auraux, Charles, (Dordogne), 34e ligne. — Hôpital, Halle a/S.
Alphée, David, Le Mondle (Jura), 67e ligne. — Hôpital de Carlsruhe. Evacué sur Rastadt.
Avril, 26e inf., capitaine, éclat d'obus à la tête. Interné à Danzig.

Alquier, Jos., chasseurs de la garde, 8e c. — Ambulance du 3e corps, Ennery.
Autin, Auguste, Hautes-Ferrières, 64e ligne, 3e b., 4e c. — Hôpital, Offenbach.
Anné, Robert, 79e ligne. — Hôpital d'Oldenbourg. Guéri et évacué sur Papenbourg.
Audrin ou Odrin, 42e ligne.   do   Évacué sur Lingen.
Amandru, François, 70e ligne. — De Sarrelouis évacué sur Darmstadt.
Alberny, Jos., 75e ligne, sergent, blessé à la poitrine. — De Pont-à-Mousson, rapatrié
le 25 Novembre
Aladelle, Antonin, 98e ligne, blessé à la poitrine. — De Pont-à-Mousson, rapatrié le 25
Novembre.
Amed-ben-Abib, Oran, 2e turcos. — Hôpital de réserve, Tilsit.
Aubert, Henri, chass. à pied, 1er b., 5e c. — 4e Ambulance du 8e corps, Sains.
Auchet, Pierre, 110e ligne, blessé au bras. — 8e Ambulance du 6e corps, Ablons.
Abadue, Urbain, 110e ligne, lieutenant, blessé.   do
Allain, Guillaume, 11e chasseurs à chev. — De Carlsruhe évacué sur Rastadt.
Autzenberger, Joseph, 43e ligne. — Hôpital civil, Saverne.
Audon, Frédéric, Moulins, 66e ligne. — Hôpital milit., Rastadt.
Altermatt, Léon, Pfaffenhoffen (Bas-Rhin), garde mobile. — Hôpital militaire, Rastadt.
Antomarqui, Jules, Loreto (Corse), 1er volt. de la garde.   do
Aridetti, Jean, St-Jean-Pied-de-Port (B.-Pyr.), 76e ligne.   do
Allemand, Paul, (Isère), 40e ligne.   do
Artopeus, Charles, Strasbourg, 30e ligne, pet. vérole.   do
Arcis, Michel, garde mobile, 2e b. — K. Fr. Kaserne, Berlin.
Ardoin, Pierre, 15e chass., 6e c. — Hôpital milit., Sarrelouis.
Anderlé, Martin, 59e ligne.   do
André, Charles, 12e ligne.   do
Aron, Georges, 32e ligne, c. H. R., serg.-maj. do
Alix, Jean-Étienne, 11e artillerie. — Hôpital de réserve, Rendsbourg.
Argance, Aug., 65e ligne.   do
Armand, François, 2e turcos, 1er b., 1re c.. sous-officier. — Guéri au dépôt de Blan-
kenbourg.
Agier, François, 13e chasseurs. — Guéri au dépôt de Blankenbourg.
Antigny, Sylvain, 18e ligne, 3e b., 4e c.   do
Aubinat, Jean, 25e ligne. — Evacué de Dessau sur Wittenberg.
Albert, Claude-François, 98e ligne, 3e b., 3e c. — Evacué de Bromberg sur Stettin.
Ansper, Mathieu, Nice, 125e ligne. — Hôpital de réserve 1, Francfort s/M.
Ayme, Alexis, 3e zouaves. — Hôpital du Collége, Haguenau.
Amblard, Bernard, 2e zouaves.   do
Angin, Romain, 17e chass. à pied. — Hôpital du Petit-Quartier, Haguenau.
Assend-ben-Mohamed, 3e turcos.   do
Anglereau, Léonard, 115e ligne, 2e b. — Ambulance d'Etapes, Wissembourg.
Antal, Lombard, 116e ligne, 3e b., contusion à la tête. — Ambulance du 13e corps,
Boissy-St-Léger.
Aurière, Paul, 40e ligne. — Evacué de Berlin sur Spandau.
Autram, F., Puget-Théniers, 15e artillerie, 2e batt. — Hôpital milit., Trèves.
Auchet, Pierre, 110e ligne, — Ambulance, Villeneuve-St-Georges.
Abadié, Urbain, 110e ligne, lieut.   do
Augabert, François, 32e ligne. — Evacué de Lippstadt sur Wesel.
Argain, 76e ligne, 3e b., 6e c., blessé au pied droit. — Evacué de Lippstadt sur
Minden.
Anceaux, Jules-Aug., 135e ligne, 2e b., 3e c., capitaine, blessé au coude. — 6e Ambul.
du 4e corps, Plessis-Bouchard.
Alibert, François, 19e artill., 5e batt. — Evacué de Sarrelouis sur Darmstadt.
Argault, Ernest, Paris, garde nat. mob., 14e b., 1re c., coup de feu à la jambe dr. —
Ambul., Juilly.
Antoine, Georges, Hundsbach (B.-Rhin), garde mobile, — Hôpital militaire, Rastadt.
Artouin, L., 54e ligne. — Hôpital de réserve, Rendsbourg.
Aumaréchal, Pierre, 24e ligne. — Hôp., Haguenau.
Allègre, Jos., (Loire), 48e ligne. — Hôp. milit., Rastadt.
Axtmann, Emile, Saverne, garde mob. — Hôp. milit., Rastadt.
Alibert, Franç., 19e artill. — Evacué de Sarrelouis sur Darmstadt.

Argault, Ernest, Paris, garde nat. mob., 14ᵉ b., coup de feu à la jambe droite. — **Amb.** de la Garde, Gonesse.

Becy, Aug., 29ᵉ ligne, 3ᵉ b., 1ʳᵉ c., caporal. — Hôpital de réserve, Bromberg.
Boutet, François, Matignon, 10ᵉ artill., 10ᵉ batt. — Hôpital militaire, Altenbourg.
Boudos, Jean, Frannenberg, 5ᵉ lanciers, 2ᵉ esc. — Caserne, Altenbourg.
Biac, Dominique, St-Gilles, 83ᵉ ligne. -- Hôpital militaire,   dᵒ
Burgain, Eugène, Angers, 21ᵉ ligne, blessé à la main droite. — Hôpital de réserve, Bielefeld.
Brochart, Pierre, Selles, 75ᵉ ligne, blessé à la cuisse. — Hôpital de réserve, Bielefeld.
Baron, Jean, 66ᵉ ligne, blessé à la jambe et à la cuisse. — Hôpital de réserve, Bielefeld.
Boch, Joseph, Ravally, 36ᵉ ligne, 3ᵉ b., 3ᵉ c., blessé à la hanche. — Hôpital de réserve, Bielefeld.
Baguchois, Elysée, 43ᵉ ligne. — Hôpital de réserve, Dietz.
Bremont, Louis-François, artill. de la garde, 3ᵉ b. — Hôpital, Brême.
Bourguignon, François, Molines, 9ᵉ chass. à pied, éclat de gr. à la jambe gauche. — Guéri et interné à Leipzig.
Barny, 96ᵉ ligne, 4ᵉ b., 4ᵉ c., contusion aux reins. -- Guéri et interné à Leipzig.
Bertram, Jean, Haumont, 15ᵉ chass. — Hôpital de réserve, Wolfenbüttel.
Balques, Léon-Céleste, 26ᵉ ligne, tambour. — Hôpital, Cassel. (Evacué snr Lissa.)
Boussan, Pierre, 34ᵉ ligne. —   dᵒ   dᵒ
Bonin, Raymond, 54ᵉ ligne. --   dᵒ   dᵒ
Baudoing, Eugène, 7ᵉ chass. à pied. 6ᵉ c.   dᵒ   dᵒ
Bodeau, Jean, 34ᵉ ligne.   dᵒ   dᵒ
Bourlet, Henri, 62ᵉ ligne, 2ᵉ batt., coup de feu à la jambe gauche. — Ambulance **du** 8ᵉ Corps, Courcelles.
Bonnet, Charles, 62ᵉ ligne, 1ᵉʳ b., coup de feu à la jambe gauche. — Ambulance du 8ᵉ Corps, Courcelles.
Baillon, Vincent, (Morbihan), 1ᵉʳ artill. — Hôp. de rés., Neuhaus (près Paderborn).
Bouvellec (Le), 3ᵉ voltigeurs de la garde, 3ᵉ b., blessé au bras. Ambulance, Lissy-sur-Ourq. (Evacué.)
Bru, Joseph, 28ᵉ ligne, coup de feu au genou. — Ambul., Lissy-sur-Ourcq. (Evacué.)
Bridoux, Jules, garde mobile, sous-officier. — Ambulance, Villiers-le-Bel. (Evacué sur Dammartin.)
Bel-Abbès-Monda, 1ᵉʳ turcos, coup de feu à la jambe. — Asile Eulalie, Chalons.
Brugas, Antoine, 3ᵉ zouaves, 1ᵉʳ b., 2ᵉ c. — Hôpital, Mersebourg. (Evacué sur Wittenberg.)
Barbier, André, 3ᵉ ligne, 3ᵉ b., 6ᵉ c. — Hôpital, Mersebourg. (Evacué sur Wittenberg.)
Bazaine, Nicolas, Lessy, 2ᵉ garde mobile, petite vérole. — Hôpital militaire, Trèves.
Bayle, Pierre, St-Germain-la-Rivière, 44ᵉ ligne.   dᵒ
Barry, Pierre, Roche-l'Abeille, 29ᵉ ligne.   dᵒ
Bilon, Zéphirin, Antoille, 97ᵉ ligne, caporal.   dᵒ
Bingremontet, Auguste, 29ᵉ ligne.   dᵒ
Boileau, Adolphe, 29ᵉ ligne.   dᵒ
Benateau, Jean, Nantes, 3ᵉ chass. à cheval.   dᵒ
Bloud, J.-M.-F., Loire-Infér., 81ᵉ ligne. — Evacué de Trèves sur Mayence.
Boisseau, Désiré, Mosnes, 15ᵉ ligne. — Hôpital civil, Trèves.
Bruyas, Ant., 3ᵉ zouaves, 1ᵉʳ b., 2ᵉ c. — Guéri, évacué de Mersebourg sur Wittenberg.
Barbier, André, 3ᵉ ligne, 3ᵉ b., 6ᵉ c.   dᵒ
Bonnemaison, Bertrand, Toulouse, 5ᵉ chass. — Hôpital militaire, Trèves.
Burtelja-ben-Kaddour, Guelma, 3ᵉ turcos, sergent. — Hôpital, Carlsruhe. (Rapatrié.)
Bailly, Auguste, Nᵒ 2679, ?   dᵒ   Evacué sur Rastadt.)
Baton, Joseph, Besse (Isère), 17ᵉ chass.   dᵒ   (Rapatrié.)
Braun, Oscar, Nancy, 16ᵉ artill. — Hôpital de réserve, Schweidnitz.
Buchly, Jos., Blodelsheim (B.-Rhin), 2Cᵉ artill.   dᵒ

Bilger, Emile, Strasbourg, 16e artill., musicien, ophthalmie. — Hôpital de réserve, Schweidnitz.

Brun, Michel, la Poutroye (H.-Rhin), 74e ligne, 1er b., 3e c., sergent, coup de feu à la poitrine. — Hôpital général, Mannheim.

Bouté, Eugène, Rouen, 78e ligne, 3e b., 2e c. — Hôpital militaire, Mannheim.

Bitzel, Adolphe, Calais, 1er marine. — Hôpital, Friedberg.

Borelle, Auguste, 96e ligne, sergent-major. — Evacué sur le dépôt des prisonniers, Leipzig.

Bellauf, Pierre, 70e ligne.   do   Leipzig.

Berne, David, 68e ligne.   do   do

Bartholomé, François, Condom, 22e ligne, coup de feu au bras. — Evacué sur le dépôt des prisonniers, Leipzig.

Balagairie, Oscar, Cahors, mobiles du Rhône, lieutenant. — Leipzig. (Logé en ville.)

Blesson, Eugène, Paris, 24e ligne, coup de feu au bras gauche. — Evacué de Butzow sur Schwerin.

Bodeau, Pierre-Jean, 34e ligne, 1er b. — Evacué de Lissa sur Glogau.

Berthon, Gilbert, 85e ligne. — Evacué de Dessau sur Wittenberg.

Bourdet, Charles, 34e ligne.   do

Bonnard, Jean-Marie, 82e ligne, musicien.   do

Boudry, Jules, 2e dragons.   do

Burnet, Jean-François, 80e ligne, tambour.   do

Boudonnière, Jean, 100e ligne.   do

Bonneril, François, 14e ligne, 2e b. — Hôpital, bar. 2, Berlin.

Bodiguel, Joseph, 24e ligne. — Evacué de Berlin sur Spandau.

Brochard, Alexis, 16e ligne   do   Stettin.

Boudier, Etienne, 86e ligne.   do   do

Brida, Louis, 36e ligne, 1er b., 3e c., coup de feu à la nuque. — Evacué sur Sedan.

Brun, François, 82e ligne, 3e b., 1re c., coup de feu à la poitrine.   do

Bousquet, Jean, 88e ligne, 1er b., 5e c., fracture au bras.   do

Bonnaud, Romain, 89e ligne, 2e b., 3e c., blessé.   do

Biaque, Baptiste, Condom, ? balle à la hanche. — Evacué de Posewalk sur Stettin.

Broquemont, Jean-Pierre, ?   do

Berly, Octave, Villers, ?   do

Blanc, Jean, 12e chass. à pied, sergent. — Hôpital, bar. 2, Berlin.

Bramblé, Jean, 11e drag.   do

Berthet, Jos., 41e ligne. — Evacué de Wrietzen sur Stettin.

Bonnefoy, Sylvain, 57e ligne.   do

Boulier, Réné, 3e chass. — Ambulance, Etampes. (Evacué sur Corbeil.)

Bouges, Jean, Cahors, 17e ligne, caporal, blessé à la poitrine et à la jambe. — Evacué sur le dépôt des prisonniers à Meiningen.

Bonnie, Corrèze, 68e ligne, sergent. — Ambulance, Varennes.

Boyer, Jean, (Cantal), 46e ligne, sergent.   do

Bordes, Jean-Bapt.-Emile, 87e ligne, sergent-fourrier, blessé au pied. — Evacué sur le dépôt des prisonniers, Leipzig.

Boursier, Théophile, Villotte, 4e dragons, 5e esc., brigadier. — Hôpital de réserve, Schönebeck.

Boudry, Jean, 98e ligne. — Ambulance du 3e Corps, Pont-à-Mousson.

Bach, Jules, (Dordogne), 11e ligne, 1re c., sergent-major. — Hôpital de réserve, Halle.

Bochard, Emile, (Maine-et-Loire), 10e ligne.   do

Brey, Joseph, (Meurthe), 3e cuirass., fourrier.   do

Berthanier, Jean, 93e ligne, sapeur.   do

Bellot, François, (Allier), ?   do

Baduel, Amédée, (Charente), 44e ligne.   do

Battesti, Horace, (Corse), 60e ligne, sergent. — Ambulance, Bingen.

Bazile, Ervin, 21e ligne. — Evacué de Cassel sur Lissa.

Bonneterre, Charles, 69e ligne. — Hôpital d'Etapes, Bingerbrücke.

Brochet, Melchior, (Maine-et-Loire), 13e artill. — Hôpital de réserve, Neuwied.

Bardol, Emile, 3e zouaves. — Hôpital militaire, Erfurt.

Boury, Désiré, Proussy, 66e ligne. — Evacué de Saverne sur l'Hôpital de réserve 1, Francfort s/M.

Böhm, Jean, Lupstein, 9ᵉ b. de garde mobile, — Hôpital de réserve 1, Mannheim.
Buissard, Ed., Bethune, garde mobile, 3ᵉ b., 3ᵉ c., variole. Asile Eulalie, Chalons s/M.
Bouchemont, Léonard, 7ᵉ dragons. — Hôpital, Géra.
Buffat, Edouard, garde mobile, petite vérole. — Ecole des arts, Chalons.
Basille, Pierre, garde mobile. — Echappé le 29 nov. de Chalons.
Bochet, Louis, garde forestier, cancer de l'estomac. — Relaché le 24 nov.
Barrat, Jean, Châteauneuf, 3ᵉ voltigeurs de la garde, blessé. — Darmstadt.
Bouet, Jean, 12ᵉ ligne, blessé à la cuisse et au genou. — Evacué des Etangs sur Metz.
Ben-Bered, 2ᵉ turcos. — Evacué de Berlin sur Custrin.
Bouquet, V., 67ᵉ ligne, sergent.   dᵒ
Bourneuf, Abel, garde mobile, 14ᵉ b., 6ᵉ c., coup de feu à la cuisse droite. — Hôtel-
    Dieu, Reims.
Bonneau, 36ᵉ ligne. — Evacué d'Oldenbourg sur Emmelen.
Bouchon, André, 40ᵉ ligne. — Evacué d'Oldenbourg sur Lingen.
Bontemps, André, 40ᵉ ligne.   dᵒ
Blanchet, Jules, 91ᵉ ligne. — Evacué d'Oldenbourg sur Papenbourg.
Benn, Aug., 44ᵉ ligne. — Evacué de Sarrelouis sur Darmstadt.
Bernard, B., 2ᵉ c. d'artificiers. — Evacué d'Anclam sur Stettin.
Beugnot, Félicien, Briançon, 2ᵉ chass., blessé à la jambe. — Hôp. de rés. 1, Bonn.
Brossard, Louis, 65ᵉ ligne. — Hôpital d'Etapes, Trèves.
Began, Henri, 76ᵉ ligne.   dᵒ
Baraut, Charles, 60ᵉ ligne.   dᵒ
Benard, Emile, Orléans, 11ᵉ ligne, 3ᵉ b., 2ᵉ c. — Hôpital de réserve, Tilsit.
Baoux, Aug., Bolline (Vaucluse), 94ᵉ l., 4ᵉ b., 3ᵉ c.   dᵒ
Billet, Aug., Veyrins (Isère), 66ᵉ ligne, 1ᵉʳ b., 3ᵉ c.   dᵒ
Barbot, Aug., Brive, 10ᵉ ligne, 1ᵉʳ b., 6ᵉ c.   dᵒ
Barel, Henri, St-Amand (Côtes-du-Nord), 9ᵉ l., 2ᵉ b., 2ᵉ c.   dᵒ
Balme, Joseph, Nimes, 1ᵉʳ zouaves, 1ᵉʳ b., 2ᵉ c.   dᵒ
Barbé-ben-Baraïk, Constantine, 3ᵉ turcos, 1ᵉʳ b., 3ᵉ c.   dᵒ
Burigay, Bapt., Sadournin (H.-Pyrénées) 93ᵉ l., 2ᵉ b., 6ᵉ c.   dᵒ
Bally, Eugène, Blayd (Vosges), 23ᵉ ligne, 2ᵉ b., 3ᵉ c.   dᵒ
Bonfils, Georges, Paris, 12ᵉ ligne, 3ᵉ b., 5ᵉ c.   dᵒ
Ballet, Jean, (Vosges), 3ᵉ zouaves, 2ᵉ b., 5ᵉ c.   dᵒ
Bried, Léon, Rappoldshiller, 56ᵉ ligne. — Evacué de Hanau sur Leipzig.
Bonnet, Pierre, 33ᵉ ligne, sergent. — 4ᵉ Ambulance du 8ᵉ Corps, Sains.
Belle, Jules, 1ᵉʳ chass. à pied, 7ᵉ c.   dᵒ
Bocquin, François, Auxonne, 4ᵉ ligne, blessé. — Ambulance, Epernay.
Bastard, Jules, Châteauneuf, 47ᵉ ligne, blessé au bras.   dᵒ
Bureau, Henri, Autun, garde mob., 14ᵉ b., blessé au bras droit. — Ambulance d'Etapes,
    Epernay.
Barthelet, Angers, 38ᵉ ligne, dyphthérite. — Ambulance d'Etapes, Epernay.
Bottessini, Jos., Campillo (Corte), 28ᵉ b. de marche, 2ᵉ c., blessé au bras. — Ambulance
    d'Etapes, Epernay.
Blot, Alphonse, 2ᵉ cuirass., 5ᵉ esc. — Hôpital civil, Haguenau.
Ben-Djelloul-Mohamed, 1ᵉʳ turcos. — Hôpital civil, Saverne.
Birkel, Jean, Paris, 1ᵉʳ ligne. — Hôpital de réserve, Neuwied.
Brochet, Melchior, 13ᵉ artillerie, sous-officier. — Hôpital de réserve, Neuwied.
Bossur, Auguste, 11ᵉ   dᵒ   Hôpital de réserve, Rendsbourg.
Barbarin, Jacques, 11ᵉ   dᵒ   dᵒ
Bonnneau, Jean, 25ᵉ ligne, caporal.   dᵒ
Bliquet, Louis, 41ᵉ ligne.   dᵒ
Beaudeux, Léon, 6ᵉ ligne.   dᵒ
Beau, Jean, 59ᵉ ligne.   dᵒ
Becourt, Jean-Louis, 44ᵉ ligne.   dᵒ
Boucher, Charles, 19ᵉ ligne.   dᵒ
Bizot, Blaise, 1ᵉʳ train d'artillerie.   dᵒ
Bastille, Louis, 95ᵉ ligne.   dᵒ
Bertelot, Auguste, ?. ligne, 2ᵉ c.   dᵒ
Bourdaget, Pierre, 58ᵉ ligne.   dᵒ
Boyer, Louis, 94ᵉ ligne.   dᵒ

Beil ou **Bayle**, Philippe, 4e ligne. — Hôpital de réserve, Oppeln.
Bonel, Jean, 77e ligne.   do   Halle.
Blaidon, Ferd., 51e ligne.   · do   Landsberg.
Bestagnette (?), Victor, 81e ligne.   do   do
Boicharin, Jules, 96e ligne. — Hôpital de réserve, Géra.
Biget, Alphonse, 90e ligne. — Château Pereire, Tournan.
Bosch, Jules-César, 74e ligne, petite vérole. — Château Pereire, Tournan.
Barrèze, Jean, 110e ligne. — 7e Ambulance du 6e corps, Villeneuve-St-Georges.
Bourdeau, Jacq.,   do   do
Bodereau, Jean,   do   do
Bellet, Stephan,   do   do
Bousier, Edouard,   do   do
Bonneau, Pierre,   do   do
Besnard, Louis,   · do   · do
Bajou, Pierre,   do   do
Bonsen, Louis,   do   do
Bersch, Peter, Openhausen, 2e gren. de la garde. — Hôpital de réserve, Sachsenhausen.
Brussard, Jean, 37e ligne.   do   Leipzig.
Berthel, A., Bonneville, 2e ligne. — Au dépôt des prisonniers, Leipzig.
Begnerz, Jean, 77e ligne, 3e b., 5e c., blessé au bras. — Evacué de Bromberg sur
    Stettin.
Bataille, Gabriel, 3e ligne, 2e b., 3e c., blessé à la cuisse. — Evacué de Bromberg sur
    Stettin.
Béred, Pascal, 64e ligne. — Evacué de Bromberg sur Stettin.
Bourgeaux, René, 2e huss., 5e esc.   do
Borusse, Emile, 41e ligne, 3e b., 3e c.   do
Bec, Aug., 29e ligne, 3e b., 1re c.   do
Boffy, Jules-Joseph, 51e ligne. — Hôpital de réserve, Stolp.
Bouder, M., 75e ligne. — Hôpital de réserve de Francfort a.M. Evacué sur Mayence.
Bodereau, Lucien, 110e ligne. — Hôpital de réserve de Francfort a.M.
Bouvier, Edouard, Nantes, 118e ligne, serg. fourrier. — Hôp. de rés. de Francfort a.M.
Blanchard, Othon, (Loire), 2e chass. à chev. — Hôpital de réserve 1, Bonn.
Baruzy, Claude, 47e ligne. — Hôpital du Petit-Quartier, Haguenau.
Bouchandon, Eugène, 65e ligne, 3e b., 5e c. — Evacué de Tilsit sur Königsberg.
Bonetel, S., Bertoncourt, 76e ligne, 2e b., 4e c.   do
Bais, Désiré, 24e ligne, 1re b., 1re c.   do
Blondeau, Henri, Marseille, 28e ligne, 2e b., 3e c.   do
Bourdunay, Charles, 1er génie. — 2e Ambul. du 6e corps, Lunéville.
Bodin, Théodore, 115e ligne. — Ambul. d'Etapes, Wissembourg.
Barbe, Louis, 116e ligne, blessé aux cuisses. — 7e Ambulance du 13e corps, Boissy-
    St-Léger.
Billaud, Jean, 115 ligne, capitaine, blessé à la cuisse. — 7e Ambulance du 13e corps,
    Boissy-St-Léger.
Bertrand, Emile, 117e ligne, 4e b., 3e c. — 7e Ambulance du 13e corps, Boissy-Saint-
    Léger.
Becharmes, Aug.-Marie-Léon, Caen, 4e chass. d'Afr., blessé à la cuisse. — 8e Amb. du
    11e corps, Viroflay.
Bailloud, Maurice, Tours, 3e chass. d'Afr., lieutenant, blessé la jambe. — 7e Ambul.
    du 11e corps, Floing.
Berton, Pierre, 115e ligne, blessé à la jambe. — Ambulance, Lagny.
Broscart, Jos., Mouzes (Sarthe), 7e chasseurs à pied, blessé au pied. — Asile Eulalie,
    Châlons-s.M.
Brunon, Jean, 13e ligne. — Hôpital de réserve, Trèves. Guéri.
Boisseau, Franç., 15e ligne.   do
Badou, Aug., Lisigny, 41e ligne.   do
Begniet, Jean, Berry (Indre), 43e ligne. — Amb. d'Etapes, Epernay.
Biez, (Ille-et-Vilaine), 115e ligne, contusion au pied g. — Ambulance du 2e corps,
    Lagny.
Bover, Armand, Paris, 115e ligne, blessé au pied. — Amb. du 2e corps, Lagny.
Boden, Théodore,   do   blessé au bras g. —   do

Boisseau, Eugène, 28e ligne, fièvre gastrique. — Hôtel-Dieu, Châlons-s/M.
Boyencie, Jacques, 67e ligne. — Evacué de Lippstadt sur Minden.
Buffat, 55e ligne, 3e b., 6e c., blessé à la main. — Evacué de Lippstadt sur Wesel.
Bréant, J., 1er chasseurs, blessé à la tête et à la main. — 5e Ambulance du 1er corps, Mareuil.
Bousset, Pierre, St-Louis (Aube), 28e ligne, blessé à l'épaule g. — Evacué de Nancy sur Wissembourg.
Bureau, Henri, garde mobile, 14e bataillon, blessé au bras. — Hôpital militaire, Nancy.
Boyer, Albert, 3e de marche, coup de feu à la jambe droite. — Ambulance 3 de la Garde, Villiers-le-Bel.
Bouniol, Eugène, garde mobile, 1er b., coup de feu à la cuisse gauche. — Evacué de Plessis-Bouchard sur Gonesse.
Bourge, Sulpice, marine, mutilation de la jambe droite. — 6e Ambulance du 4e Corps, Plessis-Bouchard.
Blambert, François, 74e ligne. — Evacué de l'hôpital sur le dépôt, Brême.
Bernard, Charles, 10e chass. à pied.   do
Bloch, Bernard, Soultz (B.-Rhin), garde mobile. — Hôpital milit., Porte de Carlsruhe, Rastadt.
Boblot, Jean, Sernois (Côte-d'Or), 78e ligne. — Hôpital militaire, Porte de Carlsruhe, Rastadt.
Becker, Georges, Bussendorf (B.-Rhin), garde mobile. — Hôpital milit., Porte de Carlsruhe, Rastadt.
Bally, Aug., 78e ligne. — Hôpital militaire, Porte de Carlsruhe, Rastadt.
Baron, Claude, Plougerneau (Finistère), 24e ligne. — Hôpital militaire, Porte de Carlsruhe, Rastadt.
Box, Charles, Thionville, garde mob. — Hôp. milit., Porte de Carlsruhe, Rastadt.
Boivin, Jean, St-Johain (Manche), 2e ligne.   do
Beurhe, Jean, Daugenas (Corrèze), 40e ligne.   do
Benz, Léopold, Reitwiller (B.-Rhin), garde mob.   do
Besnelle, Jean, St-Denis (Manche), 63e ligne.   do
Boufté, Claude, canton de Nice, 40e ligne.   do
Brevul, Pierre, (Ille-et-Vilaine), 40e ligne.   do
Boudier, Elie, Montignac (Dordogne), 66e ligne.   do
Bonnefoin, Justin, (Dordogne), 66e ligne.   do
Bregeant, Jean, Lignon, 76e ligne.   do
Botras, Louis, Courien (Sarthe), 12e ligne.   do
Burger, Philippe, Blaisheim (B. Rhin), garde mob.   do
Braunschweig, David, Herbourg (H.-Rhin), garde mob.   do
Belon, Claude, Ambay (Loire), 76e ligne.   do
Brassel, Jacques, Friedolsheim (B.-Rhin), garde mobile. — Hôpital milit., Place Léopold, Rastadt.
Bühlmann, Nicolas, Altwiller (B.-Rhin), garde mobile. — Hôpital milit., Place Léopold, Rastadt.
Begt, Antoine, Herlisheim, garde mobile. — Hôpital des Varioliques, Rastadt.
Bousfil, Firmin, Nellon-la-Chapelle, 4e artill.   do
Becker, Jean, Dutlisheim, douanier.   do
Barrier, Gabriel, 4e artill. — Ambulance, Teterchen.
Beaumont, Const., 29e ligne.   do
Baumann, Joseph, 121e ligne. — K.-Fr.-Kaserne, Berlin.
Bristeau, Louis-Paul, garde mob., 2e b., 4e c. do
Beaufils, Alph., 43e ligne. — Hôp. Caserne 10, Sarrelouis.
Bridoux, Jules-Victor, Paris, 28e b. de marche, coup de feu à la cuisse droite. — Amb. de la garde, Gonesse.
Broutard, Léopold, Quesnoy (Nord), 28e ligne, 3e b., contusion au genou. — Ambul. de la garde, Gonesse.
Bourdelar, Jules, Paris, garde mob., 14e b., coup de feu à la jambe gauche. — Ambul. de la Garde, Gonesse.
Baraze, Jean Fr., 70e ligne. — Hôp. milit., Berlin.
Boulan, Anacréon, 33e ligne. — Hôp. milit., Sarrelouis.

Borowski, Mathias, 43e ligne. — Hôpital militaire, Sarrelouis.
Bove, Charles, 13e artill., 8e batt.   do
Brenelle, Victor-Louis, 43e ligne   do
Bernard, Victor, 95e ligne.   do
Brevot, A., 54e ligne.   do
Brehamel, Abel-Joseph, 6e ligne, caporal   do
Brière, Alex.-Victor, 43e ligne.   do
Bené, Pierre, 44e ligne.   do
Bey, Al., 25e ligne.   do
Bruyon, Pierre, 11e artill., 11e batt.   do
Barrier, Gabriel, 4e artill., 8e batt.   do
Bourdeleau, Pierre, 73e ligne.   do
Berton, Eugène, 91e ligne.   do
Beauvais, Frédéric, 6e ligne.   do
Boda, Charles, 13e ligne.   do
Busson, Julien, 1er train.   do
Belhomme, Amédée, gendarmerie.   do
Bos, Pierre, 70e ligne.   do
Barbarin, Joseph, 28e ligne.   do
Balle, Joseph, 65e ligne.   do
Barryrac (de), Amand, 2e chass., 2e esc., brig. do
Begaud, Pierre, 54e ligne.   do
Baudot, Paul, Choisey, 117e ligne. — Hôp, de rés. 1, Francfort s/M.
Bouillé, Eug., 33e ligne, serg. — Au dépôt des Prisonn., Brême.
Baumont, Constant, 29e ligne. — Evacué de Sarrelouis sur Darmstadt.
Bellanger, Jacques, 7e chass. à chev., 2e esc , mar.-d.-l. do
Bénézet, Jos., 28e l.   do
Bluchet, Victor-Ant., 1er drag. — Ambul., Teterchen.
Boulanger, Laurent, Couvemont (Meuse), 40e ligne. — Hôp. milit., Rastadt.
Buchler, Aloys, Benfeld (B.-Rhin), garde mob.   do
Briot, André, Troussey (Meuse), 40e ligne.   do
Bischoff, Georges, Galüngen (H.-Rhin), 40e ligne.   do
Bristeau, Louis-Paul, garde mob., 2e b., 4e c.   do
Basque, Etienne, 54e ligne.   do
Bigout, Eug. 64e ligne.   do
Bonneton, 91e inf., sous lieutenant, éclat d'obus à la jambe gauche.
Bizemont, (de), 100e inf., lieutenant, coup de feu à l'aîne.
Boissier, Auguste, 25e inf., coup de feu à l'épaule, coutusion au genou. — Int. à Danzig.
Boissier, Pierre, 25e inf., contusion à la tête.   do

Cheval, Joseph, 76e ligne, 2e b., 6e c., coup de feu à la jambe gauche. — Hôpital de réserve, Bielefeld,
Collet, Joseph, 100e ligne, coup de feu à la cuisse. — Hôpital de réserve, Bielefeld.
Chesnain, Léon, Paris, garde mob., caporal, blessé à la tête et au bras. — Hôpital de réserve, Bielefeld.
Carrey, Alexandre, garde mob., lieut., balle au bras gauche. — Ambulance d'Etapes, Dammartin.
Cartier, Antoine, 25e ligne, 3e b., 3e c. — Hôpital, Brême. (Guéri et évacué.)
Cuzin, François, 9e chass.   do
Chouet, Joseph, 7e ligne, 3e b., 1re c., caporal. — Evacué sur le dépôt des prisonniers, Leipzig.
Carriol, Félix, 95e ligne. — Evacué de Cassel sur Lissa.
Cornevin, Emile, 1er zouaves.   do
Chenier, Aug., 62e ligne, 3e b., 1re c., coup de feu à la jambe gauche. — Ambulance du 8e Corps, Courcelles.
Cloin, François, garde mob., blessé à la main droite. — Ambulance no 12 du 5e Corps, Versailles.

Coquegnos, Emile, 10e chass. à pied. — Evacué de Neunkirchen sur St   u.
Cuny, Eug., Strasbourg, garde mob. — Hôp. milit., Rastadt.
Clairoy, Hector, 32e ligne, sergent. — Au dépôt des Prisonn., Brême.
Curbis, Fréd., Paray (Ardèche), 121e ligne. — Hôp. milit., Aix-la-Chapelle.
Cohin, Paul, St-Côme-de-Vert, 20e chass. — Asile Eulalie, Châlons s/M.
Chastin, Emile, 28e ligne, caporal. — Hôp., Haguenau.
Clairac (de), Louis-Ferd., Lombez (Gers), 4e lanc., capit., blessé au ventre. — 7e Amb.
    du 1er Corps, Floing.
Chabert, Jos., infant. de marine. — 4e Amb. de la Garde, Gonesse.
Carlot, Jos., (Ain), 2e grenad. de la garde, 2e b., 3e c., amputé du bras droit. — Ra-
    patrié le 22 Nov.
Carré, Alph., 100e ligne, coup de feu à la hanche. — Hôpital militaire, Trèves.
Courteil, Eug., Flèzes, 93e ligne.   do
Chevalier, 29e ligne.   do
Courinaire, Bertrand, Grenoble, 44e ligne, sous-officier.   do
Crevet, Frédéric, Bernay, 33e ligne. — Maison-mère St-Borromée, Trèves.
Chasserat, Michel, Buffon, 59e ligne. — Hôpital civil, Trèves.
Closel, C.-A., St-Mars-sur-Colment, 54e ligne.   do
Courvillier, Eug., Paris, 73e ligne, sergent. — Hôpital militaire, Trèves.
Cremont (de), Franç., Périgueux, 6e ligne, serg.   do
Clémenoit, Phil., Groisbois, 13e ligne, phthisie.   do
Chavou-ben-Sala, Tébéssa, 3e turcos, blessé. — Rapatrié le 31 Oct.
Colliard, Jos., Villefranche (Rhône), 3e l., blessé.   do
Carré, J.-B., (Loire-Infér.), 2e zouaves, blessé. — Evacué de Carlsruhe sur Rastadt.
Chauvoin, Ph., Carpentras, 13e chass., serg. blessé.   do
Chatron, Aug., n° mat. 3817, 19e artill., blessé.   do
Colomb, Claude, (Ain), ?. — Caserne des pionniers, Darmstadt.
Chauvin, Jos.-Marie, Fougères, ?, caporal.   do
Cassasol, 20e chass. — Ambulance du 10e Corps, Merange. (Evacué.)
Cantil, Nicolas, (Moselle), 2e chass., 3e esc., petite vérole. — Hôpital de la Charité,
    Berlin.
Charuel, Jean, 17e artill., 6e batt. — Evacué de Bunzlau sur Glogau.
Chatel, Barthelemy, 99e ligne. — Evacué de Dessau sur Wittenberg.
Cavalier, Paul, chass. d'Afrique, balle à la nuque. — Evacué de Fleigneux sur Sedan.
Carayon, Louis, 37e ligne, 3e b., 5e c., blessé à l'épaule.   do
Crobier, Aug., Chapelle, 27e ligne, typhus. — Evacué de Pasewalk sur Stettin.
Cherpellion, Jean, 57e ligne. — Baraques 2, Berlin.
Chavroohc, Jos., St-Pardoux, 68e ligne. — Ambulance, Varennes.
Caillot, Jules, Lyon, 54e ligne. — Hôpital, Schönebeck.
Chassair, Pierre, 64e ligne, sapeur. — Ambulance du 3e Corps, Pont-à-Mousson.
Cruaud, 1er train. — 2e Ambulance du 3e Corps, Toul.
Cromme, 3e turcos.   do
Chasseyra, Antoine, (Allier), 45e ligne. — Hôpital, Halle.
Cala, Barth., (Pyrén.-Orient.), 59e ligne.   do
Champierre, Charles, (Arièze), 82e ligne.   do
Chamagry, Pierre, (Loire), 83e ligne. — Evacué de Halle sur Wittenberg.
Cohidor, Désiré, (Aisne), cuirass. de la garde.   do
Chaumeil, Bernard, 47e ligne. — Ambulance du 3e Corps, Pont-à-Mousson. (Evacué.)
Cadelet, Jacques, 29e ligne. — Evacué de Dessau sur Wittenberg.
Calmels, Louis, St-Flour, 11e artill., 10e batt. — De Neuwied rapatrié comme ordon-
    nance.
Calvel. A., Prades, 13e artill., 6e batt. — Hôpital de réserve, Neuwied.
Chourdeau, Hipp., Salon (B.-du-Rhône), 6e ligne, 3e b. 3e c., blessé. — Manufacture de
    tabac, Nancy.
Charneau, Gustave, 3e cuirass. — Guéri, au dépôt des prisonniers, Aschersleben.
Claude, Eug., 20e artill., 3e batt., blessé à la jambe. — Guéri, au dépôt des prisonniers
    Altenbourg.
Cassarolles, Jean-Jos.-Ch., 20e chass. à pied. — Evacué de Hofgeismar sur Branden-
    bourg.

Caseneuve, Antoine, 3ᵉ ligne, 3ᵉ b. — Hôpital de réserve 1, Francfort s/M.
Chatelier, Jules, La Ronde, garde mob. dᵒ
Cassanier, Pierre, 70ᵉ ligne. — Ambulance du 3ᵉ Corps, Ennery.
Courquillier, Eug., Paris, 73ᵉ ligne, sergent. — Hôpital de réserve, Trèves.
Courteil, Eug., Flers, 93ᵉ ligne. dᵒ
Chambon, Jos., chass. à pied, 6ᵉ b. — Hôpital, Géra.
Cornet, Eug., Toulouse, 25ᵉ ligne, blessé. — Hôpital, Bingen.
Carpentier, Désiré, Festubert, 26ᵉ ligne, blessé. dᵒ
Cordebard, Aug., Aulnois, g. mob., 1ᵉʳ b., fièvre. dᵒ
Craze, Elie, Cincery, 2ᵉ garde, blessé, dᵒ
Charpillon, Louis, 57ᵉ ligne. — Hôpital baraque 2, Berlin.
Couilbaut, Eugène, 91ᵉ ligne. — Evacué d'Oldenbourg sur Papenbourg.
Charbonnel, Phil., 65ᵉ ligne. dᵒ
Chatonnet, Edouard, 40ᵉ ligne. dᵒ
Camille, Daniel, chass. à chev. — Hôpital de réserve, Sarrelouis.
Clément, Jean, 16ᵉ ligne, 2ᵉ b., 6ᵉ c. — Hôpital, Mersebourg.
Cuxac, Louis, 1ᵉʳ artillerie. — Evacué de l'hôpital d'Anclam sur Stettin.
Chevremont, Henri, 41ᵉ ligne, 4ᵉ b. dᵒ
Caris, Emile, Equancourt, 68ᵉ ligne. — Ambulance, Etain.
Claude, Louis-Adolphe, 65ᵉ ligne. — Hôpital d'Etapes, Trèves.
Combe, Etienne, 2ᵉ b. de chass. dᵒ
Cousten, 91ᵉ ligne. dᵒ
Crouzon, Franç.-Aug., 15ᵉ ligne. dᵒ
Cistac, Baptiste, Saint-Gaudens, 28ᵉ ligne, 2ᵉ b., 2ᵉ c. — Hôpital de réserve, Tilsit.
Curty, Félicien, Baume-les-Dames, 73ᵉ ligne, 1ᵉʳ b., 2ᵉ c., caporal. — Hôpital de réserve, Tilsit.
Charousset, Pierre, Lusasne (Gard), 77ᵉ ligne, 1ᵉʳ b., 2ᵉ c. — Hôpital de réserve, Tilsit.
Corette, Jos., Belley (Ain), 4ᵉ ligne, 3ᵉ b., 3ᵉ c. — Hôpital de réserve, Tilsit.
Colombe, Jean, Albens (H.-Savoie), 3ᵉ zouaves. dᵒ
Chaignon, Louis, St-Martin (Haute-Marne), 6ᵉ ligne, 2ᵉ b., 3ᵉ c. — Hôpital de réserve, Tilsit.
Cartier, Jean-Marie-Emile, 16ᵉ chasseurs à pied, sergent-major. — Hôpital civil, Saverne.
Charpayne, Jean, 62ᵉ ligne, caporal. — Hôpital civil, Saverne.
Cuveiller, B., 33ᵉ ligne. — 4ᵒ Amb. du 8ᵉ corps, Sains.
Chovet, Claude, 1ᵉʳ b. de chass. à pied, 3ᵉ c. — 4ᵉ Amb. du 8ᵉ corps, Sains.
Cotté, Louis, 40ᵉ ligne, blessé au bras droit. — Ambulance du Séminaire, Pont-à-Mousson.
Chaimbeaux, Franç., 17ᵉ ligne, éclat de gren. à la jambe. — Ambulance du Séminaire, Pont-à-Mousson.
Crouzat, Etienne, Causse (Languedoc), 28ᵉ ligne, caporal, blessé à la figure. — Ambul. d'Etapes, Epernay.
Constant, Jean, Yvetot, garde mobile, 12ᵉ b., blessé à la main. — Ambul. d'Etapes, Epernay.
Cousin, Michel, Elbeuf, 15ᵉ ligne, caporal. — Amb. d'Etapes, Epernay.
Clerc, Bellegarde (Ain), 20ᵉ artillerie, chef d'escadron. — En logement privé, Carlsruhe.
Crespin, Alphonse, 65ᵉ ligne, sergent-major. — Evacué de Sarrelouis sur Darmstadt.
Clément, Thomas, Amiens, 14ᵉ ligne. — Hôpital de réserve, Neuwied.
Conce, François, 2ᵉ volt. de la garde. — Hôpital de réserve, Rendsbourg.
Claret, Vidal, 11ᵉ artill. dᵒ
Canape, Charles, 19ᵒ artill. dᵒ
Courtois, Franç., 65ᵉ ligne. dᵒ
Chatelier, Pierre, 44ᵉ ligne. dᵒ
Chislain, Jules, 3ᵉ chass. d'Afr. dᵒ
Chaton, Léopold, 95ᵉ ligne. dᵒ
Carrière, Basile, 72ᵉ ligne. dᵒ
Chaixmartin, Pierre, 10ᵉ ligne. dᵒ
Certeux, Alph., 31ᵉ ligne, caporal. dᵒ

Corn (de). 44e ligne. — Hôp. de réserve, Dietz.
Chales, Aug., 93e ligne. — Hôp. de réserve, Landsberg.
Castelain, Victor, 28e ligne. — Hôp. militaire, Hamm.
Cordier, Augustin, 7e drag., — Hôp. de réserve, Géra.
Chabout, Henri, 48e ligne, 2e b., 6e c. — Evacué de Hanovre sur Blankenbourg.
Chenegros, Célestin, 18e ligne, 2e b., 2e c.   do
Chorpion, Auguste, 110e ligne. — 7e Ambulance du 6e corps, Villeneuve-St-Georges.
Cessac, Ignace,   do   do
Camplan, Victor,   do   do
Condette, Charles, L'Isle-Adam, 1er artillerie, 9e batterie. — Hôpital de réserve,
    Hildesheim.
Chevalier, Sébastien, Lamotte, 47e ligne, blessé à la cuisse dr. — Au dépôt des prison-
    niers, Leipzig.
Campredon, Jean-Bapt., 3e volt. de la garde. — Hôpital d'Etapes, Bingerbrück.
Chambard, Camille, 1er zouaves, 3e b., 1re c., blessé à la jambe. — Evacué de Bromberg
    sur Stettin.
Cogneret, Antoine, 29e ligne, 1er b., 2e c. — Evacué de Bromberg sur Stettin.
Charlemagne, Joseph, 56e ligne, 1er b., 2e c., blessé à la cuisse dr. — Evacué de Brom-
    berg sur Stettin.
Champagne, Jean, Angoulême, 91e ligne, typhus. — Angermümde.
Claire, Germain, 13e ligne. — Hôp. de réserve, Cöslin.
Collier (comte de), 15e ligne, 5e c., fourrier. — Francfort a/M.
Chesne, Amédée, Montignon, 11e ligne. — Hôp. de réserve 1, Francfort a/M.
Cosset, Clément, Chapelle, 115e ligne.   do
Chereau, Aug., 5e infirmier, section d'inf. militaire. — Hôp. militaire, Haguenau.
Clavet, Arnauld, 2e zouaves.   do
Cristani, Charles, 96e ligne, sergent.   do
Chasselas, Pierre, 47e ligne. — Petit-Quartier, Haguenau.
Charlier, Louis, 18e ligne.   do
Chaubry de Bottières, 18e ligne, serg.   do
Carron, Jean-Pierre, 99e ligne.   do
Chagnaux, Jules, ?.   do
Compin, Louis-Jules, 94e ligne, 1er b., 1re c. — Evacué de Tilsit sur Königsberg.
Cottin, Charles, garde mobile. — Ambulance d'Etapes, Wissembourg.
Caporvoisi, Pierre, 117e ligne. — 7e Amb. du 13e corps, Boissy-St-Léger.
Cretin, Henri, 118e ligne, blessé à la main. — 7e Ambulance du 13e corps, Boissy-
    St-Léger.
Couquillaud, 68e ligne, coup de feu au dos. — 7e Ambulance du 13e corps, Boissy
    St-Léger.
Corbu, 68e ligne, contusion au bras. — 7e Ambul. du 13e corps, Boissy-St-Léger.
Carette, Jean-Louis, Lille, garde mobile, 9e b., 2e c., caporal, blessé à la jambe. —
    11e Ambulance du 7e corps, ?.
Calhonet, 115e ligne, blessé à la tête. — Evacué de Château-la-Grange sur Lagny.
Cosser, Clément, (Deux-Sèvres), 115e ligne, blessé à la tête. — Evacué de Château-
    la-Grange sur Lagny.
Chène, Armand, 115e ligne, contusion au cou. - Evacué de Château-la-Grange sur
    Lagny.
Carron, Jules, 107e ligne. — Baraque 2, Berlin.
Crennepois, Jules-Alf., 42e ligne.   do
Chantrian, Philippe, Dijon, 10e ligne. — Hôpital militaire, Aix-la-Chapelle.
Cremoux (de), François, Périgueux, 6e ligne, sergent. — Hôp. de réserve, Trèves.
Caquin, Rom., Hernay (Mayenne), 28e de marche, 4e c., coup de feu à la cuisse. —
    Rapatrié le 12 Décembre.
Cassmann, Aloys, 76e ligne, coup de feu à la poitrine. — Evacué de Lippstadt sur
    Wesel.
Cherbaudy, Y.-Marie, 2e chasseurs, blessé à la hanche. — 5e Ambulance du 1er corps,
    Mareuil.
Chupé, Achille, Epreville (Eure), 94e ligne, 3e b., 4e c., blessé à l'épaule. — Hôpital
    militaire, Nancy.
Cauvé, Pierre, 42e ligne, coup de feu au bras. — Ecole des Arts, Châlons-s/M.

Cochet, Henri-Pierre, garde mobile, 3e artillerie. — Hôpital, Reims.
Chaugnaud, Philibert, St-Philbert (Loire-Infér.), 1er artill., 10e batt. — Au dépôt des prisonniers, Meiningen.
Caré, Jean-Bapt., Foix (Loire-Inférieure), 2e zouaves. — Hôpital militaire, Rastadt.
Chauvin, Philippe, Carpentras, 13e chass. à pied.   do
Cordier, Jules, (Somme), 74e ligne.   do
Chansion, Aug., (H.-Marne), 19e artill.   do
Charbonnel, Jacques, Catour (Puy-de-Dôme), 40e ligne.   do
Charbitel, Jules, (Vosges), garde mobile.   do
Courtemanche, Jean, Montlouis (Indre-et-Loire), 76e ligne.   do
Conchon, Jean, Graffenay (Dordogne), 6e artill.   do
Collin, Félix, Bacarat, (Meurthe), garde mob.   do
Charlin, Antoine, St-Victor (Isère), 67e ligne.   do
Crebessal, Prosper, Bédarrieux, 78e ligne.   do
Castel, Pierre, Valaurie, 76e ligne.   do
Champy, Jean, Strasbourg, douanier.   do
Chabrond, Louis, Boussay (Loire-Inf.), volt. de la garde.   do
Croux, Félix, Chalabre (Aude), 76e ligne.   do
Collet, Alexis, Souilly (Meuse),   do   do
Calch, Jean, Windheim (B.-Rhin), douanier.   do
Charonette, Jean, Flavigny (Cher), 84e ligne.   do
Chambrot, Charles, Gironcourt, 20e artillerie, petite vérole. — Hôpital des varioliques, Rastadt.
Courtois, Antoine, 42e ligne. — Hôp. K. Fr. Caserne, Berlin.
Consolini. David, 26e ligne, 1er b. — Evacué de Sarrelouis sur Darmstadt.
Chanteloge, Jean, 91e ligne, 2e b.   do
Clouet, Julien, Paris, 28e de marche, coup de feu à la jambe. — Amb. de la garde, Gonesse.
Chieze, Pierre, franc-tireur de la Presse, contusion à la tête. — Amb. de la garde, Gonesse. Guéri et évacué.
Collin, François, 91e ligne, caporal. — Hôp. militaire, Sarrelouis.
Chantelier, Louis, 33e ligne.   do
Choutais, Armand, 1er art., 12e batt.   do
Clun, Ch.-Albert, 33e ligne, musicien.   do
Cesary, Jos.-Marie, 43e ligne.   do
Cavier, Elie, 4e art., 7e batt.   do
Castelan, Emile-Aug., 11e chass., musicien.   do
Clément, Marius, 64e ligne, 4e c.   do
Cadré, Georges, 5e chass.   do
Christmann, Mathias, 59e ligne.   do
Clément, Antoine, 64e ligne, 1re c.   do
Chapard, Jean-Pierre, 3e train.   do
Charasson, Joseph, 43e ligne.   do
Cuveiller, Alexandre, 65e ligne, 2e b.   do
Couturier, 93e inf., capitaine, éclats à la main. — Interné à Danzig.
Corps, 3e zouaves, capitaine, coup de feu au pied gauche. — Interné à Danzig.
Coumes, Jacques, 21e chass. — Hôp. mil. à Saarlouis.
Chemin, François, 110e ligne. — 7e amb. du 6e c. à Villeneuve-St-Georges.

Delamare, 9e inf., capitaine, coup de feu à la tête. — Interné à Danzig.
Dubois, 2e zouaves, sous-lieut. coup de feu à la poitrine.   do
Dufour, Aug., 7e c. d'ouvr. d'art. — Evacué d'Anclam sur Stettin.
Daniel, Camille, 1er chass. à chev. — Amb. de la 1re Armée, Boulay.
Dedebant, Jean, 11e ligne, blessé au genou droit, — Caserne, Altona.
Dion, Jacques, 68e ligne, 3e b., 3e c., blessé à la cuisse. — Collége, Pont-à-Mousson.
Dautèrie, Blaise, Villefranche, 93e ligne, 2e b., 4e c., blessé à la main droite. — Hôp. de réserve 1, Bonn.

Dormèse, Louis-Ch., Reims, 67e ligne, serg. — Hôp. de rés., Hanau.
Dussel, Aug., 45e ligne, 3e b., 3e c., caporal, blessé à la cuisse. — Evacué de Bromberg sur Stettin.
Darigo, (Corse), 150e ligne, capit., blessé à l'oreille. — Evacué du Chateau La-Grange sur Lagny.
Dourouza, Paul, 24e ligne, sergent, blessé au bras droit. — Evacué de Lippstadt sur Wesel.
Diss, Pancrace, Saverne, garde mob. — Hôp. milit., Rastadt.
Doures, Gilbert, Chantelle, 57e ligne. — Hôp. milit., Altenbourg.
Dubois, Rémy, Béthisy, 34e ligne.   do
Dougradi, Fr.-Ant., Borgos, 34e ligne, caporal   do
Dumolin, Henri, 70e ligne, balle à la poitrine. — Hôp. de réserve, Bielefeld.
Demaret, Eug., 70e ligne, balle à l'épaule.   do
Dejean, Jules, Chalons, 2e zouaves, tambour, blessé au pied. — Hôpital de réserve, Bielefeld.
Dupuis, Louis, 3e garde imp., 1er b. — Hôpital, Brême.
Dulac, François, Rennes, 87e ligne, 3e b., 6e c., blessé à la jambe gauche. — Au dépôt des prisonniers, Leipzig.
Desoullier, Alph., Bursard, 113e ligne. — Hôp. de réserve, Wolfenbüttel.
Denobonds, Jean, la Brousse, 98e ligne.   do
Delacour, Antoine, 1er train, 6e c. — Evacué de Cassel sur Lissa.
Dabert, Antoine, 94e ligne.   do
Doutre, Jean, 3e ligne, tambour.   do
Disterme, Jean, Chamissy (H.-Vienne), 52e ligne. — Ambulance, Epernay.
Dupruilh, Pierre, 28e ligne, rhumatismes. — Lisy-sur-Ourcq. (Evacué.)
Duval, V., 112e ligne, coup de feu à la jambe. — 8e Ambulance du 6e Corps, Ablons.
Delest, Jean, (Landes), 66e ligne, 3e b. — Evacué de Neunkirchen sur Coblence.
Deguingatte, Em., Clermont (Oise), 52e ligne, 2e b., 2e c. — Ambul., Nancy.
Discors, Aug., 17e ligne, sergent, catarrhe. — Hôp. milit., Trèves.
Dubois, Ernest, Laval, 3e chasseurs d'Afrique, 5e esc. — Maison-mère St-Borromée, Trèves.
Deroches, Jean, Mâcon, 1er chasseurs — Rapatrié le 31 Oct.
Debon, Fr.-Ferd., Courson (Calvados), 13e chass., sergent. — Evacué de Carlsruhe sur Rastadt.
Durin, Aug., Bourges, 56e ligne. — Evacué de Carlsruhe sur Rastadt.
Delaune, Alph., Deauville, 47e ligne, caporal, blessé.   do
Duplomb, Pierre, Lyon, 67e ligne, caporal. — Hôp. St-Charles, Pont-à-Mousson. Guéri.
Dodivers, Philippo, Besançon, 12e chass. — Hôp. milit., Mannheim.
Dotan, Etienne, (Marne), 20e artill., 8e batt. — Hôpital, Giessen.
Durand, Paul, Paris, ?, sergent. — Caserne des Pionniers, Darmstadt.
Dorge, Emile, 63e ligne. — Hôpital, Bingen.
Dorbois, 98e ligne. — 9e Ambul. du 10e Corps, Marange. (Evacué.)
Duc, Gustave, 24e ligne, blessé à la main. — Evacué de Bützow sur Stettin.
Dousseau, Pierre, 34e ligne, 2e b. — Evacué de Lissa sur Kosten.
Delhomme, Jos., 78e ligne. — Evacué de Dessau sur Wittenberg.
Deleau, Jean-Bapt., 16e artill., 14e batt., sous-officier. — Evacué de Dessau sur Wittenberg.
Darbas, Jean-Pierre, 82e ligne. — Evacué de Dessau sur Wittenberg.
Dagonnet, Eugène, 25e ligne.   do
Debacq, Albin-Jos., 4e ligne. — Evacué de Dessau sur Wittenberg.
Duquesne, Alfred, 13e artill.   do
Desdoivre, Charles, 2e zouaves. — Evacué de Berlin sur Stettin.
Deniau, Ernest, 44e ligne, catarrhe. — Evacué de Wrietzen sur Stettin.
Diroff, Aug., 5e artill. trompette, fracture du pied. — Hôpital de réserve, Wrietzen.
Devenont, Joseph, 89e ligne, blessé au bras par grenade. — Evacué de Fleigneux sur Sédan.
Duvigelt, Rémy, 57e ligne. — Hôpital baraq. 2, Berlin.
Diat, Franç., 98e ligne, bronchite. — Hôpital de réserve, Wrietzen.
Druet, Jean, 2e train, 14e c. — Evacué de Wrietzen sur Stettin.
Dressel, 59e ligne. — 2e Ambul. du 3e Corps, Tours.

Dumont, Edm., Flesquières (Nord), 4ᵉ b. chass. à pied, 5ᵉ c., coup de feu à la jambe. — Evacué de Leipzig sur Dresden.

Durand, Ferd., (Maine-et-Loire), ? cuirass , 3ᵉ esc. — Hôpital de réserve, Halle.

Dusseau, Feurs, artill. de la garde, 2ᵉ b.　　　　　　　　dᵒ

Duplessis, Louis, (Dordogne), 19ᵉ ligne.　　　　　　　dᵒ

Damien, Jos., 57ᵉ ligne. — Evacué de Marânge sur Metz.

Dabonneville, Edm., St-Maurice (Somme), 3ᵉ génie. — Evacué de Leipzig sur Dresden.

Delafaix, Frédéric, 37ᵉ ligne, 3ᵉ b., sous-lieut., rhumatismes, Mersebourg.

Darbois, Claude, Commenailles, 98ᵉ ligne. — Hôp. de réserve, Brandebourg.

Dessouillier, Alph., 113ᵉ ligne. — Hôp. de réserve, Wolfenbüttel.

Deuillat, les Loges, 80ᵉ ligne. — Ambulance, Bingen.

Drivet, Ernest, Clayes, 44ᵉ l., serg., blessé. dᵒ

Deschamps, Léon, chass. de la g., blessé. dᵒ

Dassanneville, Henri, Lorgies, 73ᵉ l., blessé. dᵒ

Debany, Jos., 6ᵉ l., blessé.　　　　　　　dᵒ

Denian, Isid.-Gab., Gien, 64ᵉ l., 1ᵉʳ b., 4ᵉ c., rhumatismes. — Ambul. Offenbach.

Dornberger, Emile, 59ᵉ l., blessé à la cuisse droite. — Evacué des Etangs sur Metz.

Debout, 2ᵉ marine. — Evacué d'Oldenbourg sur Emmelen.

Degenne, 82ᵉ ligne. — Evacué d'Oldenbourg sur Papenbourg.

Donneux, 79ᵉ ligne. — Evacué d'Oldenbourg sur Lingen.

Delarue, Jean-Bapt., 43ᵉ ligne. — Evacué de Sarrelouis sur Darmstadt.

Dutilleul, Valéry-Fortuné, 69ᵉ ligne. — Hôp. d'Etapes, Trèves.

Durry, Jean, 8ᵉ artill. — Hôpital de réserve, Hanau.

Duhautpas, Ad., Hesdual, 12ᵉ sect. d'ouvr. d'adm. — Hôp. de réserve, Hanau.

Dollo, Pierre, La Chaise (Côtes du Nord), 63ᵉ ligne, 1ᵉʳ b., 6ᵉ c. caporal. — Hôp. de réserve, Tilsit.

Dalmas, Jos., 76ᵉ ligne, 1ᵉʳ b., 3ᵉ c. — Hôp. de réserve, Tilsit.

Doronge, Ambroise, Champigny (Yonne), 13ᵉ chass., caporal. — Hôpital de réserve, Tilsit.

Dièze, Nicolas, (Vosges), 3ᵉ drag. — Hôpit. de réserve, Tilsit.

Dechaut, Henri, Lurey (Savoie), 74ᵉ ligne, 1ᵉʳ b., 1ʳᵉ c. dᵒ

Debouzy, Aug., garde mob. de l'Aisne. — Hôpit. civil, Saverne.

Delorme, Jean, 33ᵉ ligne. — 4ᵉ Ambulance du 8ᵉ corps, Sains.

Devillers, Hippolyte, 1ᵉʳ chass. à p.　　　　dᵒ

Durand, Jean-Bapt., 13ᵉ ligne, blessé à la jambe gauche. — Amb. du Séminaire, Pont-à-Mousson.

Dufrechau, Pierre, Sebylles (Tarn), 61ᵉ ligne. — Amb. d'Etapes, Epernay.

Debères, Aug., Amiens, 1ᵉʳ ligne, blessé.　　　　　dᵒ

Dasque, Henri, Bordeaux, garde mob., 14ᵉ b., c. de feu au bras dr. — Amb. d'Etapes, Epernay.

Dolauf, Aug., (Aisne), 2ᵉ lanciers. — Evacué de Carlsruhe sur Rastadt.

Diné, Emile, 11ᵉ art., maréchal-ferrant. — Hôpit. de réserve, Rendsbourg.

Dantes, Louis, 1ᵉʳ art.　　　　　　　　dᵒ

Dumas, Aug., 2ᵉ gren. de la garde.　　　　　dᵒ

Ducrot, Jean, 25ᵉ ligne.　　　　　　　dᵒ

Dulaurent, Léon, 21ᵉ ligne, Hôpit. de réserve, Landsberg.

Derouet, Henri, 64ᵉ ligne. — Ambulance d'Etapes, Hamm.

Devaure, Octave, Chartres, 8ᵉ l.　　　dᵒ

Delpech, Jean-Marie, 90ᵉ ligne, blessé à la jambe. — Château Pereire, Tournan.

Darden, Aug., 90ᵉ ligne. — 7ᵉ Amb. du 6ᵉ corps, Villeneuve-St-Georges.

Dejour, Paul, 110ᵉ ligne.　　　　　　dᵒ

Dargon, Ant.,　　dᵒ　　　　　　dᵒ

Disioles, Théod, dᵒ　　　　　　dᵒ

Descatoire, Joseph, 17ᵉ artill. — Hôpit. de réserve, Dessau.

Dutilleul, Joseph, 41ᵉ ligne.　　　　　dᵒ

Durand, Joseph, Châlons, cuirass. de la garde, blessé à l'épaule dr. — Hôpit. de réserve, Sachsenhausen.

Douchet, Gustave, Pury, 68ᵉ ligne. — Au dépôt des prisonniers, Leipzig.

Dedeban, Jean, 87ᵉ ligne, 1ᵉʳ b., 5ᵉ c. — Evacué de Bromberg sur Stettin.

Durand, Edouard, 18ᵉ art., 4ᵉ batt.　　　　　dᵒ

Daubie, Charles, 8e art., 9e batt. — Evacué de Bromberg sur Stettin.
Dufour, Jos., Paris, 110e ligne. — Hôpit. de réserve 1, Francfort s/M.
Denechair, René, Mellé, 115e ligne.   do
Deyssèdre, Edmond, 13e chass. à p. — Hôpit., Haguenau.
Deroche, Sylvain, 47e ligne. — Petit-Quartier, Haguenau.
Didier, Prosper,   do   do
Depré, Isidore, 13e ligne, 3e b., 4e c. — Evacué de l'Hôp. Tilsit sur Königsberg.
Doher, Jean-Marie, 50e ligne, 1er b., 4e c.   d•
Didier, Jean, 115e ligne. — Hôpit. Wissembourg.
Drovet, Jos., 116e ligne, blessé au bras droit. — 7e Ambulance du 13e corps, Boissy-
    St-Léger.
Dumaz, Jean, 118e ligne, 1er b., 2e c., blessé à la cuisse dr. — 7e Ambul. du 13e corps,
    Boissy-St-Léger.
Deperne, Victor, Lille, 48e garde mob., blessé à la cuisse dr. — 11e Ambulance du
    7e corps, ?.
Doubier, Baptiste, 48e garde mobile, blessé à l'épaule. — 11e Ambulance du
    7e corps. ?.
Didier, Jean, 115e ligne, blessé à la cuisse. — 1re Ambulance du 2e corps, Château de
    Lagrange.
Denechèse, (Maine-et-Loire), 115e ligne, blessé à la tête. — 1re Ambulance du 2e corps,
    Evacué sur Lagny.
Desch, Eugène, Paris. 55e ligne, 1re b., 1er c., blessé au bras. — Asile Eulalie, Châ-
    lons s/M.
Dethieux, Charles, 122e ligne, capitaine. — Hôpit. baraque 2, Berlin.
Daiziers, François, 52e ligne. — Hôtel-Dieu, Châlons s/M.
Dupary, Pierre, 88e ligne.   do
Durand, Franç., 3e chass. — Evacué de Lippstadt sur Minden.
Devigne, Pierre, 23e ligne. — Hôpit., Brême.
Durand, Jean-Baptiste, St-Vinars (Basses-Alpes), 13e ligne, 2e b., 2e c. — Elisabethstift,
    Darmstadt.
Deschamps, Léon, Ligny, chasseurs de la garde, blessé. — Ambulance, Nie-
    deringelheim.
Dutailly, Eugène, Chauny (Aisne), 2e zouaves. — Hôpit. militaire, Rastadt.
Decker, Alfred, Commercy, garde mob.   do
Durin, Auguste, Bouges (Charente), 56e ligne.   do
David, Alph., (Jura),   67o   do   do
Dumanoir, Victor, Lattonville (Meuse), 40e   do   do
Domhalle, Antoine, (Meuse),   40o   do   do
Daulne, Edouard, (Saône-et-Loire),   40e   do   do
Daga, Célestin, Bouconville (Ardennes), 65e   do   do
Drouet, Gustave, Perriers (Manche), 63e   do   do
Daniel, Nicolas, Vagny (Vosges),   40o   do   do
Duval, Joseph, Augrand (Ille-et-Vilaine), 76e   do   do
Dedieu, Pierre, Galey (Ariége),   66e   do   do
Dallmaire, François, Menil (Vosges), garde mob.   do
Doesdé, Antoine, Omesa (Corse), 67e ligne.   do
Domont, Jean, St-Michel (Mayenne), 43e ligne.   do
Drnas, Camille, St-Jean (Charente-Inf.), 73o ligne.   do
Duflot, François, Lembach (B.-Rhin), douanier.   do
Declipeur, Aug., Lyon, 76e ligne.   do
Destenade, Rémond (Landes), 66o ligne.   do
Davios, Pierre, Vesoul, 2e ligne.   do
Dorsy, François, Changerey, 40o ligne.   do
Dumas, Antoine, Puy-St-Guillaume, 40e ligne.   do
Dupiéfort, Sylvain, Bony (Cher), 40e ligne. — Hop. milit., Rastadt.
Duflot, Charles, Obersteinbach, douanier. — Hop. des Varioliques, Rastadt.
Dumont, Eugène, 6e lanciers.   do
Dobijon, Eugène, 51e ligne. — Ambulance, Teterchen.
Dettin, Louis, 59e ligne.   do
Dussarat, Jean, 44e ligne. — Hop. milit., Sarrelouis.

Delolme, Jean-M., 41e ligne. — Hôp. milit., Sarrelouis.
Derveloy, Gaëtan, 29e ligne. — Ambulance, Teterchen.
Deschiens, Albert, 43e ligne.   do   Evacué sur Darmstadt.
Debon, Bernard, 65e ligne.   do
Demonde, Jos., 2e b. garde mob. — Hop. K.-Fr.-Kaserne, Berlin.
Daniel, Camille, 2e chass. à cheval. — Ambul. Caserne 10, Sarrelouis.
Delabarette, Léon, 1er artill., 3e b. — Evacué de Sarrelouis sur Darmstadt.
Deschamps, Jean, 65e ligne, 1er b. — Hop. milit., Sarrelouis.
Durand, Jules, 70e ligne, 1er b. — Evacué de Sarrelouis sur Darmstadt.
Dutremblay, Aug., Paris, 14e b. garde mob. — Ambul. de la Garde, Gonesse.
Dreyfus, Abraham, 15e ligne. — Hopital militaire, Sarrelouis.
Delius, Honoré, 11e drag., 5e esc.   do
Debert, Ch.-Ed., 69e ligne, serg.   do
Dubiec, Cl.-Jos., 5e chass.   do
Dejean, Jean-Bapt., 3e chass.   do
Dumont, Hipp., 43e ligne.   do
Duval, Alb., 15e ligne, caporal.   do
Detier, Jos., 15e ligne.   do
Delacombe, J., 94e ligne.   do
Dubosse, Nelson, 29e ligne, musicien.   do
Derville, Alexis, 98e ligne.   do
Denis, Gabriel, 82e ligne.   do
Delalonde, Albert, 2e hussard, brigadier.   do
Dupin, Anatole, 19e ligne.   do

Eckermann, Jos., Gerstein (B.-Rhin), douanier. — Hôp. milit., Rastadt.
Evrard ou Evlad, Henri, 61e ligne. — Hôp. de réserve, Cassel. Evacué sur Lissa.
Ebbert, Auguste, Herly (Somme), 1er marine, coup de feu à la jambe. — Ambulance,
      Epernay.
Erol, Pierre, Calnac, 95e ligne, catarrhe. — Hôp. milit., Trèves.
Eleau, Jos., no 2348, 48e ligne, blessé. — Hôp. Carlsruhe. Evacué sur Rastadt.
Eby, Pierre, Bollwiller (H.-Rhin), 34e ligne, fièvre intermittente. — Hôp. de réserve,
      Schweidnitz.
Espic, Jean, 65e ligne, typhus. — Ambul., Bingen.
Ehuns, Célestin, 2e ligne.   do
Ervin, Louis, Horbinau, 34e ligne. — Hôp. de réserve, Halle.
Ernenwein, Louis, Ruprechtsau, garde mob., 6e b. — Hôp. 1, Mannheim.
Evain, Jean, 91e ligne.
Eclanchier, Pierre, 55e ligne, 3e b. — Evacué d'Anclam sur Stettin.
El-Fadel-ben-Hamed, Alger, 1er turcos, 2e b., 4e c. — Hôp. de réserve, Tilsit.
Embarek-ben-Heschkada, Mostaganem, 2e turcos, 3e b., 4e c.   do
Eichenlaub, Jos., 1er chass. à pied, 3e c. — 4e Ambul. du 8e Corps, Sains.
Enguethy, A., 47e ligne, 2e b., 4e c., blessé à la poitrine. — Evacué de Bromberg sur
      Stettin.
Eleas, Joseph, (Morbihan), 48e ligne. — Hôp. milit., Rastadt.
Eichelmann, Georges, Keffenbach (B.-Rhin), g. m., do
Eckel, Pierre, St-Martin (Loire), 76e ligne.   do
Eymard, Franç., garde mob., 2e b. — Hôp. de réserve, K.-Fr.-Caserne, Berlin.
Engelmann, Mathias, 6e ligne, caporal. — Evacué de Sarrelouis sur Darmstadt.
Enesser, Charles, Camsheim, garde mob., 14e b., sous-offic., coup de feu au bras
      droit. — Ambul. de la Garde, Gonesse.
Engels, Jean, 40e ligne. — Hôp. milit., Sarrelouis.
Emile, Jos., 65e ligne.   do
Esquillier, Aug., Mazamet (Tarn), 86e ligne, blessé à la cuisse. — Guéri, au dépôt des
      prisonniers, Meiningen.
Estore, 4e inf., coup de feu à la tête.

Estore, 4e de ligne, lieutenant, coup de feu à la tête. — Interné à Danzig.

Forcioli, 3e zouave, lieutenant, coup de feu à l'épaule. — Interné à Danzig.
Friquet, 3e   d°   d°   coup de feu à la jambe.   d°
Fiot, Mathurin, 43e ligne. — Hôp. mil. à Sarrelouis.
Forcioli, 3e zouaves, coup de feu à l'épaule gauche.
Friquet, 3e zouaves, coup de feu à la jambe gauche.
Féron, François, 97e ligne, 2e b., 3e c. — Hôpit., Brême.
Falquet, F.-F., 7e hussards, 5e esc. — Hôpit. baraque, Brême.
Fouchon, Jos., 56e ligne, 1er b., 2e c.   d°
Faustin, Henri, 19e ligne, 3e b., 1re c., c. de feu au br. — Amb. du 8e corps, Courcelles.
Ferrenbach, Jos., Rosheim (B.-Rhin), 67e ligne, 3e b., 5e c. — Hôpit. Neunkirchen. Evacué sur Stumm.
Fouche, Jean, Paris, 1er artill. — Hôpit. de réserve, Trèves.
Fournier, D., Bordeaux, 4e art.   d°
Fabre, Léon, Campagnac (Tarn), 3e ligne. — Hôpit. Carlsruhe. Evacué sur Rastadt.
Fray, Pierre-Jean, Sennerge, (Garonne), 18e art., 4e batt. — Hôpit. Giessen.
Frédiany, Léandre, corps non dénommé. — Hôpit. Caserne des pionniers, Darmstadt.
Froidefond, Charles, 2e de ligne. — Hôpit. de réserve 1, Leipzig.
Felgères, Philippe, Chaudesaigues, 4e ligne, sous-lieut. — Leipzig.
Fanchot, Nicolas, 59e ligne. — Hôpit., Dessau. Evacué sur Wittenberg.
Faucouchon, Joseph, 76e ligne. — Hôp. baraque, Berlin. Evacué sur Stettin.
Froumentin, Louis, 75e ligne. — Hôp. de réserve, Wrietzen a/O.
Ferrand, Bertrand, Aulon (Haute-Garonne), 2e grenadiers de la garde. — Hôpit. de réserve 1, Leipzig.
Fourtier, Jean, La Rochefoucauld, 57e ligne, 2e b., 2e c., capitaine, coup de feu aux deux épaules. — Amb. de la manufact. de tabacs, Nancy.
Foucaul, Alex., Rosny, 3e cuirass. — Hôp. de réserve, Francfort a/M.
Fagard, Julien, garde mob.   d°
Fouquard, Amable, 41e ligne. — Hôtel-Dieu, Châlons s/M. Evacué.
Fiquet, Jules, 65e ligne, blessé. — Bingen.
Firmain, Louis, Draguignan, 23e ligne, blessé au bras. — Bingen.
Fréard, Pierre-Franç., 54e ligne. — Hôpit. d'Etapes, Trèves.
Fontenau, Jos.-Aimé,   d°   d°
François, Jules, (Isère), chass. de la garde. — Hôpit. de réserve, Tilsit.
Fagard, Julien, garde mob. de l'Aisne, 6e b. — Amb., Saverne.
Ferrard-ben-Mozïm, 1er turcos.   d°
Ferne, Guillaume, 55e ligne, 3e b., 4e c. — Hôpit. baraque, Brême.
Fauquet, Jules, 33e ligne. — 4e Amb. du 8e corps, Sains.
Fumery, Jean, (Pas-de-Calais), 64e l., variole. — Hôpit. d'Etapes, Epernay.
Fournier, Louis, 110e ligne. — 7e Amb. du 6e corps, Villeneuve-St-Georges.
Fontanet, Louis, Choisy-le-Roi, 110 ligne. — Hôpit. de réserve, Francfort a/M.
Francesipi, Jérôme, Giocatojo, 123e ligne, caporal.   d°
Forge, Nicolas, 78e ligne. — Hôpit. militaire, Haguenau.
Facteur, Joseph, 47e ligne. — Hôpit. Petit-Quartier, Haguenau.
Fagnet, Zéphirin, 18e ligne, serg.-major. — Hôpit. civil, Haguenau.
Faulon, Joseph, Moret, 2e chass. à pied. Evacué de Tilsit sur Königsberg.
Ferrau, Jean-Pierre, 117e ligne, 3e b., 2e c., coup de feu à la poitrine. — 7e Amb. du 13e corps, Boissy-St-Léger.
Finance (de), H., Bourg, (Ain), 9e cuirass., blessé à la cuisse. — 8e Amb. du 11e corps, Viroflay. Evacué.
Foucard, Louis, Antibes, 122e ligne, blessé la main. — Amb. d'Etapes, Epernay.
Ferré, Aug., Paris, 12e ligne, blessé au bras.   d°
Fauconnet, François, St-Martial (Dordogne), 61e ligne, 2e b, 4e c. — Asile Eulalie, Châlons s/M. Evacué.
François, Jos., 52e ligne. — Asile Eulalie, Châlons s/M. Evacué.
Fabry, Clém., 1er zouaves.   d°
Fabiani, D., 4e inf. marine.   d°
Frichy, Aug., 3e chass., blessé au dos et fracture du bras. — Ev. de Lippstadt sur Wesel

Fabian, Eléonor, Saint-Aubin (Deux-Sèvres), garde mobile. — Hôpit. Eisleben.
Ferry, Louis, 56e ligne, coup de feu à la cuisse. — Ambulance de l'Ecole des Arts, Châlons s/M.
Frossard, Arsène, Adreux (Loire), 2e ligne. — Hôpit. militaire, Rastadt.
Feré, Paul, Crouy (Aisne), 40e ligne.   do
Freis, Phil., Entzheim (B.-Rhin), garde mob.   do
Fiegel, Ant., Eschwiller   do   do   do
Flesch, Jérôme, Rohfach (H.-Rhin), do   do
Fayet, Jean, St-Martin (Loire), 76e ligne.   do
Faure, Félix, St-Blaise (Isère), 40e ligne.   do
Faugras, Pierre, 30e ligne. — Hôpit. des varioliques, Rastadt.
Faulan, Bernard, 28e ligne. — Hôpit. militaire, Sarrelouis.
Franco, J.-Marie, 28e ligne, caporal.   do
Forestier, Jean, administration.   do
Flinois, L., 67e ligne.   do
Ferconier, Louis, 13e ligne.   do
Frédureux, François, 15e ligne.   do
Ferry, Paul, 19e ligne, caporal. — Hôp. de réserve, Rendsbourg.
Flers (comte de), ? officier, gravement blessé. — Brandelon.
Fontanet, Louis, 110e ligne. — 7e Amb. du 6e Corps, Villeneuve-St-Georges.
Fasquel, Louis-Ad., Calais, 73e ligne, capit. — Hôp. de réserve, Hildesheim.
Fresnay. Guillaume, St-Detien, 74e ligne. — Hôp. milit., Trèves.
Fouillotte, Louis, 54e ligne, blessé.   do

Garcin, 28e inf., lieutenant, éclats d'obus au sein gauche. — Interné à Danzig.
Gotquin, Isidore-Louis, 33e ligne. — Hôp. milit., à Sarrelouis.
Garriel, 60e inf., chef de bataillon, éclat d'obus au pied droit. — Interné à Danzig.
Gérard, Jean-Pierre, Baroche. (Haut-Rhin), 28e de marche, blessé à la jambe. — Ambulance de la Garde à Gonesse.
Gillau, Louis, 1er artill. — Hôp. mil. à Sarrelouis.
Guézequet, Léon, St-Brieuc, 34e ligne. — En caserne, Altenbourg.
Gros, Aug., Thoiry, 34e ligne, caporal. — Hôp. milit., Altenbourg,
Girod, Franç., Fuas, 17e artill., coup de feu à la cuisse droite. — Hôp. de réserve, Bielefeld.
Gras, Louis, 2e voltig. de la garde, 3e b., 6e c. — Hôp., Brême.
Gounod, Aug., 15e ligne, 2e b., 3e c.   do
Geoffroy, Isid., 5e ligne, 1er b., 5e c. — Hôp. de la Gare, Brême. (Guéri.)
Georgen, Jean-Louis, gendarmerie de camp. — Evacué de Cassel sur Lissa.
Guesseau, Louis, St-Michel-en-L'Herme, 44e ligne. — Hôp. de réserve, Wolfenbüttel.
Giore, Jean-Marie, 47e ligne. — Hôp. de réserve, Cassel. (Evacué sur Lissa.)
Genin, Henri-Nic., 15e chass. à pied, 2e c., caporal, coup de feu aux deux jambes — Amb. du 8e Corps, Courcelles.
Gazieu, Henri, Villefranche, 44e ligne. — 6e Amb. du 7e Corps, Vigy.
Guillema, Pierre, Lyon, garde mob., blessé au coude. — Hôp. de la Clinique, Freibourg i/B.
Gerebron, Alex., St-Côme (Sarthe), 57e ligne, 4e b., 1re c. — Hôtel-Dieu, Châlons s/M.
Garnier, Jules, Nancy, 46e ligne, 3e b., 6e c., serg., blessé à la main droite. — Le 12 Nov. rapatrié comme invalide.
Glattfelder, Jacques, Brumath, 11e artill. — Hôp. milit., Trèves.
Guiganton, Guill., Lanfains, 7e ligne. — Hôp. civil, Trèves.
Gilles, Martin, 23e ligne, tuberculosé. — Amb., Epinay.
Gilbert, Michel, 1er artill., catarrhe pulmon. — Hôp. milit., Trèves.
Gausselin, Victor, Carneville (Manche), 26e ligne. — Hôp. milit., Rastadt.
Gallay, Claude, no mat. 3401, 96e ligne. — Hôp. de la Gare, Carlsruhe.
Gerhard, Aug., (Bas-Rhin), 96e ligne. — Hôp. de réserve, Schweidnitz.
Guettat, Benoît, 9e chass. à pied. — Evacué de Dessau sur Wittenberg.
Geranton, Pierre, 100e ligne.   do
Germain, Pascal, 57e ligne.   do

Gorgeard, Jean, 59e ligne. — Évacué de Dessau sur Wittenbourg.
Gallois, Ernest, 40e ligne. — Hôp. baraq 2, Berlin.
Grivat, Jos., 2e chass. d'Afrique. — Guéri, évacué de Wrietzen sur Stettin.
Glauchard, Claude, 3e chass. — Évacué d'Étampes sur Corbeil.
Gauthier, Philibert,   do   do
Griblans, Claude, garde nat. mob.   do
Garrie, Frédéric, Appelle, 86e ligne, blessé à la jambe. — Hôp., Meiningen.
Guillot, Henri, Grenoble, 2e artill., 11e batt., brigadier.   do
Giraud, Marius-Vinc., Draguignan, 17e ligne, 2e b., 6e c. — Amb., Varennes.
Gaye, Aug., Dampierre, 61e ligne, 2e b., 3e c.   do
Germot, Réné, 10e ligne. — Amb. du 3e Corps, Pont-à-Mousson.
Giraud, Simon, 23e ligne.   do
Grapey, Ed., 12e ligne.   do
Gerinot, René, 10e ligne.   do
Ganay (comte de), Jacques, 3e chass. d'Afr., blessé au bras. — Échappé de Fleigneux
    près Sédan.
Gommeray, Pierre-Aug., 21e ligne, 3e b., 3e c., blessé à l'œil droit. — Évacué de Flei-
    gneux sur Sédan.
Gautier, Louis, 98e ligne. — Amb., Marange.
Guillery, Fréd., 90e ligne. — Amb., Hanovre. Évacué sur Minden.
Gousseau, Louis, 44e ligne. — Hôp., Wolfenbüttel. Évacué sur Hanovre.
Grieshaber, Alph., Strasbourg, garde mob., 4e b., 9e c. — Hôp. 1, Mannheim.
Gareau, 7e dragons. — Hôp. de réserve, Géra.
Grandineau, Ludovic, 28e de marche, lieutenant, blessé au dos. — Hôt.-Dieu, Reims.
Gaudry, Eug., 17e artill., ouvr.-tailleur. — Hôp. de rés., Anclam. Évacué sur Stettin.
Gros, Pierre, 98e ligne. — Amb. d'Étapes, Trèves.
Gosnot, Louis, Bouloire (Sarthe), 12e artill., 2e b. — Hôp. de réserve, Tilsit.
Gaudy, Jacques, Priverot (H.-Vienne), 25e ligne, 1er b., 5e c.   do
Gaimont, Pierre-André (Charente-Infér., 74e ligne, 2e b., 1re c.   do
Garnier, Clément, Erzon (Mayenne), 47e ligne, 1er b., 3e c., caporal. do
Gay, Louis, la Rochefoucauld, 73e ligne, 2e b., 3e c.   do
Gauchet, Narcisse, garde mob., blessé à la nuque. — Hôp. du Séminaire, Pont-à-
    Mousson.
Guimbreteau, Franç., Ardelay (Vendée), lanc. de la garde, 2e esc., brig. — Évacué de
    Leipzig sur Dresden.
Grandidier, Jules, 3e grenad. de la garde, lieut. — Breslau.
Gonzalès, Gust., Paris, 23e chass. à pied. — Hôp. de réserve, Neuwied.
Gondort, Léonard, 98e ligne. — Hôp. de réserve, Rendsbourg.
Galubeau, Louis, 12e ligne.   do
Girardin, Aug., 11e artill., maréch.-des-log.   do
Grimod, Jean, 46e ligne.   do
Gervais, Artus, 94e ligne.   do
Graizerot, Claude, 66e ligne.   do
Gaillard, Jean, 3e zouaves, 1er b., 5e c. — Évacué de Hanovre sur Blankenbourg.
Grenier, Jos.-Chéri, 110e ligne. — 7e Amb. du 6e corps, Villeneuve-St-Georges.
Gélu, René, 10e l. — Évacué de Dessau sur Wittenberg.
Gauthier, Adolphe, 100 ligne.   do
Guilvenet, Franç., Vignes, 2e ligne. — Au dépôt des prison., Leipzig.
Giclat, Anthelme, ?. — Hôpit. de réserve, Angermünde.
Guillet, Jules, 3e ligne. — Évacué de Bromberg sur Stettin.
Grousbout, Martin, 1er huss. — Évacué de Cœslin sur Stettin.
Guidors, Léon, 57e ligne.   do
Goguet, Claude, 2e zouaves, sergent. — Au Petit-Quartier, Haguenau.
Guilbert, Camille, 1er chass. à pied.   do
Giraudau, Louis, 5e section d'inf. mil.   do
Guillaumin, Jean,   do.   do
Galy, Franç., 36e ligne. — Hôpit. militaire, Haguenau.
Gellion, Eug., 8e b. chass. à p.   do
Grenier, Jean-Marie, Saint-Benoit-des-Ondes, 25e ligne. — Évacué de Tilsit sur
    Königsberg.

Gesson, Clovis, Toilly, 74e ligne, 3e b., 6e c. — Evacué de Tilsit sur Königsberg.
Guenet, J.-Marie, Grandchamp, 2e ligne, 2e b.   do
George, Pierre, Voichey, 8e artillerie, sous-officier. — Evacué de Réthel sur Reims.
Guillermin, Claude, Charnerit (Savoie), 2e chasseurs à pied. — 1e1 Ambulance du 7e
    corps, ?.
Gunot, Jules, Bellon (Ille-et-Vil.), 2e inf. mar., blessé à la cuisse dr. — 11e Amb. du
    7e corps, ?.
Gros, Pierre, canton de Luderay, 115e ligne, blessé au mollet. — Evacué du Château-
    la-Grange sur Lagny.
Gros, Georges, (Charente), 115e ligne, blessé à la cuisse. — 1re Amb. du 2e corps,
    Château-la-Grange.
Gerbron, Henri, St-Côme (Sarthe), 57e ligne, 1er b., 1re c., petite vérole. — Asile Eu-
    lalie, Châlons s/M.
Glain, Célestin, Chamoigny (Vienne), 2e artill., 2e batt., blessé au pied. — Asile Eulalie,
    Châlons s/M.
Guilochard, Pierre, Bretagne, 110e ligne. — Ambul. d'étapes, Epernay.
Grelety, Jean, Burgard, 42e ligne, blessé à la main.   do
Grossaint, Ernest, St-Gilles (Vendée), 122e ligne, blessé. — Amb. d'Etapes, Epernay.
Godard, Pierre, St Arnaud, 115e ligne, blessé à la cuisse. — Evacué du Château-la-
    Grange sur Lagny.
Gauthier, Sébastien; Paris, 115e ligne, contusion au pied. — Evacué du Château-la-
    Grange sur Lagny.
Gibert, 32e ligne, blessé à la joue. — Evacué de Lippstadt sur Minden.
Gérard, Léon-Aug., (Seine), garde mob., 10e b., c. de feu à la jambe dr. — 6e Ambul.
    du 4e corps, Plessy-Bouchard.
Guyot, Eug.-Bruno-Dom., garde mob., 1er b., c de feu au ventre. — 6e Ambul. du
    4e corps, Plessy-Bouchard.
Girandon, Ant., 138e ligne, 2e b., 1re c., c. de feu au bras g. — 6e Ambul. du 4e corps,
    Plessy-Bouchard.
Gerenton, François, 9e chass. à pied. — Au dépôt des prisonniers, Brême.
Galleau, François, garde mob., 4e b. — Ecole des Arts, Châlons s/M. Evacué.
Gray, Elie, St-Céré (Lot), 2e gendarmerie, coup de feu au pied dr. — Ambulance Nie-
    deringelheim.
Guth, Georges, Lichtenberg (Bas-Rhin), garde mob. — Hôp. mil., Rastadt.
Gross, Michel, Geisswiller (B.-Rhin),   do   do
Greiner, Henri, Bischwiller   do   do   do
Greiner, Georges,   do   13e artillerie.   do
Grucker, Jean, Lingolsheim, garde mob.   do
Gourge, Victor, Tonrnecoupe (Cher), 66e ligne.   do
Gerber, Antoine, St-Jean (Ba-sRhin), garde mob.   do
Gerhardt, Martin,   do   douanier.   do
Glégiol, Joseph, Etables (Ardèche), 66e ligne.   do
Gepfert, Max, Bühl (H.-Rhin), garde mob.   do
Guinard, Jean, Lavigne (Sarthe), 40e ligne.   do
Gorlier, Louis-Etienne, 29e ligne. — Ambul., Teterchen.
Guilleray, Xavier, 62e ligne.   do
Gautron, Alexis, 35e ligne. — Hôp. K. Fr. Caserne, Berlin.
Guimbretière, Pierre-Bapt., garde mob., 2e b., 7e c.   do
Granier, Prosper, 1er train. — Evacué de Sarrelouis sur Darmstadt.
Guilleray, Franç., 62e ligne.   do
Guillot, Elie, franc-tireur de la Presse, mutilation du bras dr. — Ambul. de la garde,
    Gonesse.
Guillomoz, Georges-Christophe, Batignolles, garde nat. mob., 4e b., serg.-major, blessé
    à la jambe dr. — Ambul. de la garde, Gonesse.
Gagnon, Denis, 64e ligne. — Hôp. militaire, Sarrelouis.
Gorluer, Etienne, 29e ligne.   do
Guillaume, Louis, 41e ligne.   do
Goubet, Louis Joseph, 33e ligne.   do
Gross, Marc, Osshofen, (B.;Rhin), garde mob. — Hôp. milit., Rastadt.
Greiner, Jean, Neuville (S.-et-Oise), 76e ligne.   do

Hansel, Math.-Jos., 40ᵉ ligne. — Hop. mil., Sarrelouis.
Henry, Albert, 43ᵉ ligne. — Hôp. de réserve 1, Cassel. Evacué sur Lissa.
Hugon, Franç., 19ᵉ ligne, 2ᵉ b., 2ᵉ c., blessé à la cuisse gauche. — Ambulance du
    8ᵉ Corps, Courcelles.
Huffenius, Louis, Alvelsheim, 1ᵉʳ drag., 1ᵉʳ esc. — Hôp. civil, Trèves.
Hornecker, Fr.-Georges, Strasbourg, 12ᵉ ligne, 1ᵉʳ b., 2ᵉ c. — Hôp. St.-Barbara, Trèves.
Hatton, Célest., Lepanches (Vosges), 94ᵉ ligne. — Hôp. de réserve, Schweidnitz.
Hum, Jos., Blodelsheim (B.-Rhin), 20ᵉ artill. (dépôt).   dᵒ
Heylbron, G., 67ᵉ ligne. — Hôp. St-Charles, Pont-à-Mousson. (Evacué.)
Henkel, Emile, Mulhouse, 45ᵉ ligne, foulure au pied. — Hôp. milit., Mannheim.
Hoff, Peter, Rescastel (B.-Rhin), ? — Caserne des Pionniers, Darmstadt
Haye, Adolphe, 1ʳᵉ sect. d'ouvriers. — Hôp. Dessau. Evacué sur Wittenberg.
Huet, Franç., 12ᵉ ligne. — Evacué de Wrietzen sur Stettin.
Haret, Flor., 3ᵉ chass. — 9ᵉ Ambul. du 6ᵉ Corps, Etampes. Evacué sur Corbeil.
Hebert, Franç., 68ᵉ ligne. — Ambul. du 3ᵉ Corps, Pont-à-Mousson.
Humbert, Joseph, (Vosges), 7ᵉ ligne. — Hôp., Halle. (Evacué sur Wittenberg.)
Huard, Alex., 94ᵉ ligne.   dᵒ
Henry, Ernest, (Pas-de-Cal.), 94ᵉ l., serg.   dᵒ
Hamet-ben-Bedar, 1ᵉʳ turcos. — Asile Eulalie, Châlons. (Evacué.)
Husser, Louis, nᵒ mat. 7025, 1ᵉʳ zouaves. — Evacué de Carlsruhe sur Rastadt.
Hamed-ben-Haroued, nᵒ mat. 1188, 2ᵉ turcos.   dᵒ
Hancke, Désiré, Rudigheim, 43ᵉ ligne, blessé. — Hôp. de réserve, Bingen.
Hans, Jos., 40ᵉ ligne. — Hôp. de réserve, Oldenbourg. Evacué sur Lingen.
Hourlier, Alexis, 11ᵉ ligne, blessé à la jambe. — Rapatrié le 26 Nov.
Haurault, Aug., Orléans, 12ᵉ drag., maréchal-des-logis. — Hôp. de réserve, Tilsit.
Henry, Jos., Ligny (Ardennes), 8ᵉ ligne, 3ᵉ b., 3ᵉ c.   dᵒ
Hardy, Ferdinand, Valenciennes, 98ᵉ ligne.   dᵒ
Houdard, Amédée-Achille, Douai, 91ᵉ ligne, lieut., petite vérole. — Hôp. de réserve,
    Cottbus.
Hélie, Jos., 11ᵉ ligne, blessé à la figure. — Amb. du Séminaire, Pont-à-Mousson.
Henois, Siegfried, 1ʳᵉ sect. d'ouvr. d'admin. — Amb. d'Etapes, Coulommiers.
Hollard, Désiré, Lille, garde mob., 12ᵉ b., coup de feu à la main. — Amb. d'Etapes,
    Epernay.
Hirsch, Edm., Paris, 64ᵉ ligne. — En logement privé à Carlsruhe, comme ordonnance.
Hardy, Julien, 52ᵉ ligne. — Hôp. de réserve, Rendsbourg.
Heige, Bapt., 5ᵉ chass. — Hôp. de réserve, Halle.
Hericher, Eug.-Alfred, Bolbe, 80ᵉ l. dᵒ
Haut, Jean, Thionville, voiturier, blessé à la poitrine. — Ambul., Sachsenhausen.
Hamed-ben-Sala, 3ᵉ turcos. — Hôp. Haguenau.
Hamed-ben-Ali, 3ᵉ turcos, serg.   dᵒ
Hebenteaud, Jules, 2ᵉ zouaves. — Petit-Quartier, Haguenau.
Hugonnet, C., 56ᵉ ligne.   dᵒ
Herquier, Désiré, Grandrup, 70ᵉ ligne, 2ᵉ b., 3ᵉ c. — Evacué de Tilsit sur Königsberg.
Hommel, Michel, 5ᵉ chass. à pied.   dᵒ
Hugonnière, Aug., Valzergue (Aveyron), 113ᵉ ligne, blessé à la jambe. — Ambulance
    d'Etapes, Epernay.
Herchet, Fréd.-Marie (Seine), garde mob., 1ᵉʳ b., 6ᵉ c, blessé au bras. — 6ᵉ Ambul. du
    4ᵉ Corps, Plessis-Bouchard.
Hammel, Simon, Wasslenheim (B.-Rhin), garde mob. — Hôp. milit., Rastadt.
Hoffmann, Jacob, Adamsviller,   dᵒ   dᵒ   dᵒ
Hubus, Louis, Uzès (Gard), 40ᵉ ligne.   dᵒ
Hettinger, Henri, Strasbourg (B.-Rhin), garde mob.   dᵒ
Hamm, Valentin, Pfulgrisheim, garde mob. — Hôp. des Varioliques, Rastadt.
Hedy, Julien, 26ᵉ ligne. — Hôp. milit., Sarrelouis.
Hett, Aloys, 2ᵉ hussards.   dᵒ
Huguet, Pierre, 9ᵉ drag., 2ᵉ esc.   dᵒ
Huc, Isidore, 54ᵉ ligne.   dᵒ
Heydt, Louis, 15ᵉ ligne.   dᵒ
Hurtaud, Jean, 35ᵉ ligne. — Hôp. K.-Fr.-Caserne, Berlin.
Hug, Georges, Eschau, douanier. — Hôp. des Varioliques, Rastadt.

Hérault, Julien, Amalie (Ille-et-Vil.), voltig. de la garde. — Hôp. milit., Rastadt.
Hison, Paul, garde mob., 1er b., 7e c., c. de feu au bras gauche. — 6e Amb. du 4e Corps, Plessy-Bouchard.
Hasser, Louis, Nantes, 1er zouaves. — Hôp. milit., Rastadt.
Hug, Xavier, Ergenheim (H.-Rhin), garde mob. do

Immelin, Michel, Colmar, 34e ligne. — Hôp. mil., Altenbourg.
Ibon, G., 2e ligne. — Hôp. de rés. 2, Leipzig.
Ivernon, Jean, 17e ligne. — Hôp. mil., Rastadt.
Issaverdeins, Marseille, garde imp., Mlle 4481, c. de feu à la cuisse dr. — Ambul. de la garde, Gonesse.
Jsenmann, Albert, (H.-Rhin), garde mob. — Hôp. de réserve 1, Leipzig.
Julien, Alfred, 2e huss., 6e esc. — Hôp., Brême.
Jean, Jean, 77e ligne, 2e b., 5e c. do
Jacob, Jean, 67e ligne. — Hôp. 1, Cassel. Evacué sur Lissa.
Jenouelle, Alex., Juvigné (Mayenne), 9e ligne, serg. — Hôp., Oschersleben.
Jacquelin, François, Lyon, 2e marine, blessé à la jambe. — Ambul., Epernay.
Jann, Séraph., Kirchberg (Haut-Rhin), 40e ligne, 1er b., 2e c. — Guéri. Evacué sur Cologne.
Junker, Antoine, Phalsbourg, 57e ligne. — Hôp. civil, Trèves.
Jenet, Alphonse, (Aisne), 15e ligne, 2e b., 5e c., blessé au bras g. — Le 17 Novembre. Rapatrié comme invalide.
Jodoin, Léon, 47e ligne, sergent, blessé. — Rapatrié le 31 Octobre.
Joly, Séraphin, Pontoise, 1er chass. — Evacué de Carlsruhe sur Rastadt.
Jeronimus, Nicolas, Dorrwiller (Moselle), 61e ligne, fièvre. — Hôpital de réserve, Schweidnitz.
Jacques, Emile, 3e chasseurs. — 9e Ambulance du 6e corps, Etampes. Evacué sur Corbeil.
Jazelle, François, Meurthe, 6e ligne. — Hôp. de Halle a/S.
Jurin, Pierre, (Manche), 10e ligne. do
Joit, Pierre, (Dordogne), 28e ligne. do
Joffroy, François, (Meurthe), 41e ligne. do
Jorège, Jean-Baptiste, Lille, 1er zouaves, blessé à la cuisse. — Hôpital de réserve, Bielefeld.
Janoyer, Henri, Valence, 3e chasseurs. — Hôp. de réserve 1, Francfort a/M.
Julien, Jean, Millau, 96e ligne do
Jacquot, Emile, 63e ligne. — Evacué d'Oldenbourg sur Lingen.
Jacques, Eug., 51e ligne. do Emmelen.
Julien, Antoine, 4e ligne, coup de feu au ventre. — Ambulance du Collége, Pont-à-Mousson.
Jarelle, Joseph, St-Etienne, 57e ligne, 1er b., 4e c. — Hôp. de rés., Tilsit.
Jacques, Honoré, 1er turcos, serg.-four. — Ambul., Saverne.
Jacquelaine, François, Lyon, 2e marine, caporal, blessé. — Hôpital d'Etapes, Epernay
Joanny, 30e ligne. — Hôp. mil., Carlsruhe.
Jouve, Louis, 60e ligne. — Ambulance d'Etapes, Hamm.
Jaquelin, Joseph, 110e ligne, caporal. — 7e Ambulance du 6e corps, Villeneuve-Saint-Georges.
Jeune, Jules, cantinier. — Ambul. d'Etapes, Bingerbrück.
Jourdain, Hippolyte, 67e ligne. — Evacué de Coeslin sur Stettin.
Jolivet ou Joullivé, Charles, 115e ligne. — Hôp. de réserve 1, Francfort a/M.
James, Aug., St-Paul, 43e ligne. — Evacué de Tilsit sur Königsberg.
Jousserandot, Lucien, Lons-le-Saunier, 1er chass. d'Afr., lieut., c. de feu à la poitrine et au bras. — 7e Ambul. du 11e corps, Floing.
Joranny, Jean, St-Hilaire, 2e b. chass. à pied, coup de feu à la poitrine et au bras. — 2e Ambul. du 7e corps, ?.
Jovin, Eug., Nantes, 2e bat. chass. à pied, blessé au bras. — 2e Ambulance du 7e corps, ?.

Joly, Jean-Eug., remonte, 6e c. — Hôp. mil., Aix-la-Chapelle.
Jaube, Edouard, 43e ligne. — Hôtel-Dieu, Châlons s/M.
Juedant, Christ, garde mob., 12e b., 8e c.   do
Johny, Clém., 3e chass., 4e c., blessé à l'épaule. — Evacué de Lippstadt sur Wesel.
Jux, Joseph, St-Louis (H.-Rhin), garde mob. — Hôp. mil., Rastadt.
Jelger, Blaise, (Haut-Rhin), 40e ligne.   do
Jeanne, Narcisse, Meules (Seine-Inf.), 15e ligne.   do
Jacquenot, Michel-Just., 1er artillerie. — Ambul., Teterchen.
Julia, Henri, 42e ligne. — Hôp. K. Fr. Cas., Berlin.
Juillard, Charles, 2e chass d'Afr.   do
Janning, Antoine, 16e de ligne. — Hôpital militaire, Sarrelouis.
Janvier, Louis, 33e ligne.   do
Juillier, Julien, 54e ligne.   do
Jacquemont, Justin, 1er artill., 7e batt., s.-officier.   do
Junker, Georges, 3e drag., 3e esc.   do
Jarsalé, Jean-Marie, 10e ligne.   do
Jacquet, Jean-Marie, 98e ligne.   do
Jaeger, Louis, 64e ligne.   do
Jamin, Jules, Marcheville, 40e ligne, 2e b., 4e c. — Evacué de Tilsit sur Königsberg.
Jacquin, Claude-Henri, Chatelet, gendarmerie, sous-officier. — Amb. d'Etapes, Hamm.

Kellé, O., 3e chass. — Ambul., Etampes. Evacué sur Corbeil.
Klein, Nicolas, Boech (Bas-Rhin), 20e artillerie (dépôt), ophthalmie. — Hôpital de
   réserve, Schweidnitz.
Källner, Hermann, 10e ligne. — Hôp. bar. 2, Berlin.
Knœpfler, Jean-Bapt., 93e ligne. — Hôp. de réserve, Brandebourg.
Kessin-ben-Hamed, Alger, 1er turcos, 3e b., 4e c., caporal. — Hôp. de rés., Tilsit.
Kleindienst, 5e cuirass., 2e esc. — Hôp. milit., Cassel.
Kell, Pierre, Haguenau, garde mob., 3e b., 2e c., blessé au pied g. — Hôp. 1, Mannheim.
Klotz, Victor, Strasbourg, garde mob., 4e b., 9e c.   do
Krieger, Michel, 6e chass. à pied. — Hôp. de réserve, Géra.
Klein, Emile, 1er grenad. — Amb. d'Etapes, Trèves.
Kirche, Jean, Königsmacker (Moselle), 27e ligne, 1er b., 3e c., blessé à la poitrine. —
   Manufacture de tabac, Nancy.
Künemann, Cél., garde mob. du H.-Rhin. — Hôtel-Dieu, Châlons s/M.
Klotz, Aloys ou Laurent Gresswiller (B.-Rhin), garde mob. — Hôp. milit., Rastadt.
Kochensperger, Jean, Mulhouse, 2e lanc.   do
Kassen-ben-Salem, 1er turcos.   do
Klein, Jean-Bapt., Grispolsheim, garde mob   do
Krompholz, Jean, Petite Hettange (Mos.), 40e ligne.   do
Kassen-ben-Abdallah, 2e turcos.   do
Klein, Michel, Wanzenau (B.-Rhin), douanier   do
Kehrer, Jos., Gresswiller, garde mob.   do
Kersaudy, Jean, Audierne, 5e chass. à pied.   do
Kuhf, Gustave, Strasbourg, garde mob.   do
Kaiser, Joseph, 4e artill., 8e comp. — Hôp. militaire, à Sarrelouis.

Lafay, 28e inf., sous-lieut., coup de feu à la jambe gauche. — Interné à Danzig.
Logue, Jules, Paris, garde mob., 14e bat. — Amb. de la Garde à Gonesse.
Laroche, Frédéric, 29e ligne. — Hôp. militaire, à Sarrelouis
Laborde, 1er dragons, lieutenant, éclat d'obus au talon gauche. — Interné à Danzig.
Letuppe, Henri, 2e génie, 2e b., 3e c. — Hôp. de réserve, Bromberg.
Leput, Franç., Ploumeur, 34e ligne, fièvre. — Loge maçonnique, Altenbourg. (Evacué.)
Lambert, J.-P. Vaulx, 34e ligne, bronchite.   do

Lagarde, Jean, St-Givez, 58e ligne, sapeur, bronchite. Hôp. milit., Altenbourg.
Lallemand, François, Nancy, 28e ligne, 3e b., 4e c., blessé au cou. — Ambulance d'Etapes, Dammartin.
Leguerel, Jean.-Franç., 1er ligne, caporal. — Hôp. de réserve, Cassel. Evacué sur Lissa.
Liberté, Adolphe, 34e ligne.   do
Lise, Jean, 94e ligne.   do
Levillain, Théod., 62e ligne, 2e b., 3e c., blessé à la jambe. — Ambulance du 8e Corps, Courcelles.
Legrand, Hippol., 62e ligne, 1er b., 12e c., blessé au bras droit. — Ambulance du 8e Corps, Courcelles.
Loyer, Yves, 5e chass. à cheval, variole. — Hôtel-Dieu, Châlons s/M.
Leclerque, Ant., garde mob. — Ambul., Gonesse. Evacué sur Juilly.
Leskaires, Jos., 96e ligne, 3e b., 3e c. — Hôp., Mersebourg. Evacué sur Wittenberg.
Leverre, Franç., Creta, 71e ligne, phthisie. — Hôp. milit., Trèves.
Laquinie, Jean, Jumilhac, 4e art., cat. de l'estomac.   do
Lacaze, Bertr., Souston, 77e ligne.   do   do
Lespagnol, Henri, Thiant, 13e ligne, fièvre. — Hôp. civil, Trèves.
Legrand, Désiré, Mesnil, 6e ligne, fièvre.   do
Lamothe, Gust., Poitiers, franc-tireur, blessé à la hanche. — Amb., Boulaincourt.
Lièvre ou **Ludre,** Alex., 19e ligne, clairon, abcès. Amb., Epinay-sur-Orge.
Lehrmann, Charles, Strasbourg, 13e chass., 7e c., catarrhe gastrique. — Hôpital de réserve, Schweidnitz.
Lepinet, Charles, 11e ligne. — Hôp. de réserve, Weissenfels.
Loscha, Paul, 62e ligne. — Amb. d'Etapes, Vitry-le-François. (Evacué.)
Loigeoux, Jean-Louis, garde mob., 3e b. — Hôp. milit., Berlin.
Ladreyt, Jean-Jos., 37e ligne, pneumonie. — Hôp. de réserve, Lissa.
Lainé, Jean, 44e ligne. — Hôp., Dessau, évacué sur Wittenberg.
Léon, Charles, 15e chass. — Hôp. baraq. 2, Berlin.
Loulet, Pierre, 30e l., caporal   do   Evacué sur Stettin.
Lequestre, Jean, 96e l., sergent,   do   do
Lagrand, Jos., Quiry, ?, fièvre gastrique. — Hôp., Pasewalk. Evacué sur la 3e Ce, Stettin.
Lanney, Henri, Dollon, ?, catarrhe intestinal.   do   10e Ce,   do
Laflaque, A., St-Christophe, ?,   do   33e Ce,   do
Leblanc, Jules, 73e ligne. — Hôp. baraq. 2, Berlin.
Leborgne, Jules, 10e ligne. — Hôp., Wrietzen. Evacué sur Stettin.
Lebonnois, Aug., 41e ligne, cat. bronch.   do
Léon, Louis-Jos., 81e ligne. — Hôp. de réserve, Wrietzen.
Lebegue, Franç., 72e ligne. — Ambul., Etampes. Evacué sur Corbeil.
Lannes, Franç., 36e ligne.   do
Laressé, Jacques, légion étrangère,   do
Lachon, Guillaume, 3e chass.   do
Laroche, Florian, Dijon, garibaldien, blessé par arme blanche. — Amb., Etampes. Evacué sur Corbeil.
Laurentin, 63e ligne, blessé. — 2e Amb. du 3e Corps, Toul.
Le Carre, ? ligne.   do
Laporte, Charles, (H.-Vienne), 89e ligne. — Hôp., Halle.
Launay, François, 14e b. garde mob., blessé à la main. — Amb. d'Etapes, Dammartin.
Loubarez, Clermont-Ferrand, 82e ligne. — Ambul., Varennes.
Lemaître, Clerigné, 19e ligne. — Hôp de réserve à Wolfenbüttel.
Langel, Charles, Haguenau, 2e b., garde mob. — catarrhe intest. Hôp. gén., Mannheim.
Leveau, Aug., Beaurie (Sarthe), 6e cuirass., brig. — Hôp. de rés. 1, Leipzig.
Lamy, Henri, Salignac (Dordogne), 29e ou 79e de ligne
Lorifane. Aug., 75e ligne, sous-lieut. — Amb., Remilly.
Leclerc, Eug.-Ed., 36e ligne, officier. — Hôp. mil., Königsberg.
Lamouroux, Camille, 45e ligne. — Hôp milit., Erfurt.
Lematré, Frédéric, 19e ligne. — Evacué de Wolfenbüttel sur Hanovre.
Lelarge, Isid., Vouziers, 28e ligne, 1er b., 3e c. — fièvre intermitt. — Asile Eulalie., Chalons s/M.
Lascoul (de), Louis, Paris, 7e hussard, brig. — Hôp. militaire, Trèves.
Lebris, Henri, 13e ligne, 1er b., sergent, blessé. — Hôd. de réserve, Bingen.

Lebris, Jean, 2ᵉ voltig. de la garde, 2ᵉ b., — Hôp. de réserve Bingen.
Lorcet, Jules, 84ᵉ ligne,   dᵒ
Lebresson, 52ᵉ de ligne. — D'Oldenbourg évacué sur Papenbourg.
Lachert, Aib., 94ᵉ ligne, d'Oldenbourg évacué sur Lingen.
Langlois, 91ᵉ ligne. — Evacué d'Oldenbourg sur Popenbourg.
Libernet, 89ᵒ ligne. — Evacué d'Oldenbourg sur Papenbourg.
Libaut, garde mob.   dᵒ   Lingen.
Landier,   dᵒ   dᵒ   Emmelen.
Laurent, C., dᵒ   dᵒ   dᵒ
Lauvergeant, Pierre, 3ᵉ train des équip. — Evacué de Sarrelouis sur Darmstadt.
Letard, Alexandre, 75ᵉ ligne.   dᵒ
Lefèvre, Pierre, 33ᵉ ligne.   dᵒ
Lemercier, Désiré, 68ᵉ ligne,   dᵒ
Lavacquerie, Louis-Ad., 7ᵉ ligne.   dᵒ
Ligneret, Ernest, 11ᵉ ligne, 3ᵉ b. — Evacué d'Anclam sur Stettin.
Laforet, Louis, 84ᵉ ligne, 1ᵉʳ b.   dᵒ
Liman, Mathieu, 8ᵉ ligne, 3ᵉ b., 1ʳᵉ c., coup de feu à la jambe. — Rapatrié le 24
    Novembre.
Lepoissant, Edmond, 65ᵉ ligne. — Ambul., Etain.
Lahaye, Nicolas, 44ᵒ ligne. — Ambul. d'Etapes, Trèvs.
Lebourru, Jean-Marie, 98ᵉ ligne.   dᵒ
Lecaër, Charles, 62ᵉ ligne.   dᵒ
Lorgnier, Louis-François, 26ᵉ ligne.   dᵒ
Lirou, St-Martin (Puy-de-Dôme), lanciers de la garde. — Hôp. de réserve, Tilsit.
Leboque, Aug., Châtillon-sur-Marne, 10ᵉ chass. à p.   dᵒ
Lamarand, Emile, St-Martin (Corrèze), 17ᵉ ligne, 1ᵉʳ b., 4ᵉ c.   dᵒ
Lakta-ben-Gaubach, Oran, 2ᵉ turcos, 1ᵉʳ b., 3ᵉ c.   dᵒ
Laisné, François, Tamerville (Manche), 50ᵉ ligne, 3ᵉ b., 5ᵉ c.   dᵒ
Lrouturon, Jean, Pau, 67ᵉ ligne, 1ᵉʳ b., 2ᵉ c.   dᵒ
Letellier, Clotaire, Coincourt (Oise), 26ᵉ ligne, 1ᵉʳ b., 5ᵉ c.   dᵒ
Leblanc Louis, 8ᵉ ligne, 2ᵉ b., 3ᵉ c.   Hôp. civil, Saverne.
Limousin, Jean, 54ᵉ ligne, 1ᵉʳ b., 5ᵉ c. — Amb., Saverne. Evacué.
Leuglet, Alfred, 33ᵉ ligne. — 4ᵉ Amb. du 8ᵉ corps, Sains.
Laurent, Charles, 1ᵉʳ chass. à p., 3ᵉ c.   dᵒ
Luin, Paul, 94ᵉ ligne, éclat de grenade au pied droit. — Ambulance du Séminaire,
    Pout-à-Mousson.
Larus, Jean, 82ᵉ ligne. —   Ambulance d'Etapes, Epernay.
Lacoste, Jean, (Gers), franc-tireur, variole.   dᵒ
Lallemand, Remy, Verdun, 36ᵉ ligne.   dᵒ
Leroy, Sarbec, (P.-de-Calais), garde mob., variole.   dᵒ
Le Manoher, (Côtes-du-Nord), 31ᵉ ligne. — Hôp. militaire, Carlsruhe.
Lair, Pierre-Charles, 84ᵉ ligne, blessé à l'épaule gauche. — Manufacture de tabacs,
    Nancy.
Ledezoult, Jean-Marie, 10ᵉ artill. — Hôp. de rés., Sprottau.
Laurent, Aug., 60ᵉ ligne.   dᵒ   Rendsbourg.
Lecouyer, Aug., 58ᵉ ligne.   dᵒ   dᵒ
Laquemont, Louis, 29ᵉ ligne. — Hôpital de réserve, Rendsbourg.
Lhiloret, C., 41ᵉ ligne.   dᵒ
Loulon, Michel, 17ᵉ ligne.   dᵒ
Léonard, Jean-Bap., 31ᵉ ligne.   dᵒ
Lahaye, François, 13ᵉ ligne.   dᵒ
Legoff, Guillaume, 63ᵉ ligne.   dᵒ
Lecoanet, Louis, 40ᵉ ligne.   dᵒ
Lozes, Joseph, 55ᵉ ligne, musicien.   dᵒ
Lacorvèque, Pierre, 10ᵉ ligne.   dᵒ
Lotang, Nicolas, 9ᵉ ligne.   dᵒ
Luchini, Erançois, 79ᵉ ligne.   dᵒ
Leferre, Jean-Bapt., 19ᵉ ligne.   dᵒ
Lelièvre, Jean-Marie, 50ᵉ ligne. — Hôp., Lendsberg.
Lesueur, Emile,   dᵒ   dᵒ

Levry, Constant, 80e ligne. — Ambulance d'Etapes, Hamm.
Laprette, A., 24e ligne.   do
Lemoine, Ernest, 85e ligne.   do
Lorence, Ed.-Marie, 60e ligne.   do
Lebouchet, Ch.-Etienne, 62e ligne.   do
Lavres, François, 33e ligne.   do
Laurens, René, garde nat. — Amb. du château Pereire, Tournan.
Louboutin, Jacques, 2e zouaves, 1er b., 5e c. — Evacué de Hanovre sur Blenkenbourg.
Lacombe, François, 1er zouaves, 3e b., 5e c.   do
Lardeau, Pierre, 110e ligne. — 7e Amb. du 6e corps, Villeneuve St-Georges.
Lachette, Félix,   do   do
Lecourt, Aug.,   do   do
Lafont, Joseph, 43e ligne, 1er b., 3e c. — Evacué de Bromberg sur Stettin.
Letuppe, Henri, 2e génie, 2e b., 2e c.   do
Lebri, Emile, 17e chass. à p, — Evacué de Coeslin sur Stettin.
Leboutch, Florent, Morlaix, 123e ligne. — Hôp. de rés. 1, Francfort a/M.
Laurent, Pierre, 2e zouaves. — Hôp. militaire, Haguenau.
Lahaye, Gratien, 21e ligne.   do
Laffont, Laurent, 2e zouaves.   do
Lavallez, Jean-François, 2e zouaves. — Hôp. du Petit-Quartier, Haguenau.
Laurent, L., 3e zouaves. — Evacué de Tilsit sur Königsberg.
Laverrière, Franç., 67e ligne, 3e b., 4e c.   do
Laporte, G., 116e ligne, blessé au mollet. — 7e Ambulance du 13e corps, Boissy-
    Saint-Léger.
Lemoine, Alexandre, 118e ligne, contusion à la joue. — 7e Ambulance du 13e corps,
    Boissy-Saint-Léger.
Ledru, Zéphirin-Aug., 117e ligne, contusion au bras. — 7e Ambulance du 13e corps.
    Boissy-Saint-Léger.
Linage (de) Melchior-Ant., Voreppe (Isère), 3e chass. d'Afr., coup de feu à la tête. —
    7e Amb. du 11e corps, Floing.
Lammerville (baron de), St-Denis, 4e lanciers, lieut., blessé à la mâchoire. — 7e Ambul.
    du 11e Corps, Floing.
Labalette, Adolphe, Lyon, 24e de marche, blessé à l'épaule. — Hôp. bar. 2, Berlin.
Lebail, (Côtes-du-Nord), 117e ligne, blessé à l'aîne. — Evacué du Château La-Grange
    sur Lagny.
Laurent, (Finistère), 115e ligne, blessé à la cuisse. — 1re Ambulance du 2e Corps,
    Château La Grange.
Luchino, Jean-Marie, Monaccia (Corse), 121e ligne. — Hôp. milit., Aix-la-Chapelle.
Lagarde, Henri, Paris, 93e ligne. — Hôp. milit., Trèves.
Lespagnol, Henri, Dijon, 15e ligne.   do
Lascaux (de), Paris, 7e hussards, brig.   do
Lot, Théoph., Trigny (Marne), 72e ligne. — Amb. d'Etapes, Epernay.
Lehaye, Eug., Paris, garde mob., 14e b. — Ambul. d'Etapes, Epernay. Evacué sur
    Wissembourg.
Ledy, Aug., (Bretagne), 28e de marche, 2e b., 6e c., blessé au bras. — Amb. d'Etapes,
    Epernay. Evacué sur Wissembourg.
Leclère, Aug., Paris, 28e de marche, blessé à la main droite. — Ambul. d'Etapes,
    Epernay. Evacué sur Wissembourg.
Lorsel, Jul.-Louis, Boulogne, 115e ligne, capit., c. de feu à la jambe droite. — 1re Amb.
    du 2e Corps, Château La-Grange.
Landemorre, Pierre, Langlaye-l'Abbaye (Orne), 28e ligne, 1er b., 3e c., blessé au ventre.
    — Asile Eulalie, Chalons s/M.
Levy, Jacob, 3e zouaves. — Hôtel-Dieu, Chalons s/M.
Lombardy, R., garde mob.   do
Lionnel, Antoine, 76e ligne, caporal. — Evacué de Lippstadt sur Wesel.
Léger, Jean, 77e ligne, blessé au pied.   do
Lassaigne, Elie, garde mob., serg., mutilation du bras. — 3e Ambulance de la Garde,
    Villiers-le-Bel.
Lombard, Amable, garde mob., 10e b., blessé au cou. — 3e Ambulance de la Garde,
    Villiers-le-Bel.

Lepois, Jean, (H.-Vienne), 2ᵉ voltig. de la garde, 2ᵉ b., 2ᵉ c., c. de feu au pied droit. —
    Amb., Nieder-Ingelheim.
Levaux, Jos., St-Maurice (Doubs), douanier. — Hôp. milit., Rastadt.
Lefebre, Pierre, Curry-la-Berge(Meuse). 40ᵉ ligne.   dᵒ
Limonge, Dortron (Cher), 31ᵉ ligne.   dᵒ
Laurent, Jos., Châlons s/M., 66ᵉ ligne.   dᵒ
Legaillau, Simon, Bignan (Morbihan), 40ᵉ ligne.   dᵒ
Lamting, Aug., Bischwiller (B.-Rhin), 96ᵉ ligne.   dᵒ
Lagral, Aug., Montauban, 30ᵉ ligne.   dᵒ
Lahaille, Jean, Ste-Colombe (B.-Pyrénées), 67ᵉ ligne.   dᵒ
Lhermite, Louis, le Hâvre, 56ᵉ ligne,   dᵒ
Laubria, Jean, Besnac (Corrèze), 68ᵉ ligne.   dᵒ
Laurent, Jos., Ramageat (Vosges), 67ᵉ ligne.   dᵒ
Labrot, Jean, Roche (Ardèche), 1ᵉʳ voltig.   dᵒ
Luciani, Pierre, (Corse), 40ᵉ ligne.   dᵒ
Lamoise, Constant, Forges (Vosges), 40ᵉ ligne.   dᵒ
Lagarde, Ant., 40ᵉ ligne.   dᵒ
Levert, Georges, Erstein (B.-Rhin), douanier. — Hôp. des Varioliques, Rastadt.
Léonard, Xavier, 44ᵉ ligne, musicien. — Ambul., Teterchen.
Laroche, Frédéric, 29ᵉ ligne.   dᵒ
Lefèvre, Eug., 33ᵉ ligne.   dᵒ
Lassalle, André, 73ᵉ ligne.   dᵒ
Lhommeau, Aug., 121ᵉ ligne. — Hôp. de rés. K.-Fr.-Caserne, Berlin.
Lafontaine, Jos.-Marie-Franç., 42ᵉ ligne.   dᵒ
Lafoy, Claude, 64ᵉ ligne. — Evacué de Sarrelouis sur Darmstadt.
Laurent, L., 13ᵉ ligne.   dᵒ
Legennider, Yves (Côtes-du-Nord), 28ᵉ de marche, blessé à la jambe. — Ambulance de la
    garde, Gonesse.
Leclercq, Ant.-Hubert, Paris, garde nation. mob., 14ᵉ b., c. de feu au côté droit. —
    Amb. de la Garde, Gonesse.
Letar, Barth., 10ᵉ ligne. — Hôpital militaire, Sarrelouis.
Lamard, Jos., 54ᵉ ligne.   dᵒ
Ledreude, Jérôme, 43ᵉ ligne.   dᵒ
Lejeune, Alex., 15ᵉ ligne.   dᵒ
Laporte, Pierre, 1ᵉʳ train d'artill.   dᵒ
Loutre, Théoph.-Franç., 91ᵉ ligne.   dᵒ
Lafond, Ant., 28ᵉ ligne.   dᵒ
Lepavec, Mathurin, 1ᵉʳ artill.   dᵒ
Laville, Franç., 8ᵉ artill.   dᵒ
Lefol, Louis, 2ᵉ chass.   dᵒ
Leparel, Prosper, 1ᵉʳ dragons.   dᵒ
Lepareur, Pierre-Aug., 43ᵉ ligne.   dᵒ
Lebail, Pierre-Marie, 65ᵉ ligne. — Hôp. de rés., Rendsbourg.
Luigi, Mathieu, 41ᵉ ligne. — Evacué de Dessau sur Wittenberg.
Levaux, Pierre, 65ᵉ ligne, 1ᵉʳ b., 4ᵉ c. — Evacué de Bromberg sur Stettin.
Lebeau, Jean, Epinal, 76ᵉ ligne. — Hôp. milit., Rastadt.
Laborie, Pierre (Lot), 76ᵉ ligne.   dᵒ
Lecourt, Jos., Faverolles (Eure-et-L.), 40ᵉ l.   dᵒ

Mougot, Victor, 69ᵉ ligne, caporal. Hôp. mil. à Sarrelouis.
More, Victor, 54ᵉ ligne.   dᵉ
Mercier, 25ᵉ inf., capitaine, contusion à la jambe gauche. Interné à Danzig.
Martin, 93ᵉ inf., capitaine, coup de feu au bras gauche.   dᵒ·
Moriceau, J., 20ᵉ ligne, fourrier. — Evacué de Francfort sur Mayence.
Matton, Charles, 50ᵉ ligne. — Hôp. K.-Fr.-Caserne, Berlin.
Maillard, Ch.-M., Cannes, 34ᵉ ligne, fièvre. — Hôp. milit., Altenbourg.
Michel, Jos., 77ᵉ ligne, 2ᵉ b., 3ᵉ c., c. de feu à la jambe droite. — Hôp. de réserve,
    Bielefeld.

Maraval, Charles, 76e ligne, 2e b., 3e c., c. de feu à la jambe droite. — Hôpital de réserve, Bielefeld.

Muller, Jos., Blotzheim, 67e ligne, c. de feu à la cuisse droite. — Hôp. de réserve, Bielefeld.

Massard, Félix, 43e ligne. — Hôp. de réserve, Dietz.

Moratin, Denis, Balezan, 28e ligne, 3e b., 4e c., blessé à l'épaule dr. — Hôp. d'Etapes, Dammartin.

Moreau, Franç., St-Laurent-des-Autels, 90e ligne. — Hôp. de rés., Wolfenbüttel.

Mai, Constant, Rennes, 13e artill., 9e batt.   do

Mardy, Franç., 34e ligne. — Hôp., Cassel. Evacué sur Lissa.

Meturain, P., 62e ligne, 2e b., c. de feu à la jambe g. — Amb. du 8e Corps, Courcelles.

Mantes, Jos., 62e ligne, 2e b., 6e c., c. de feu au bras droit.   do

Martineau, 8e chass., adjudant. — Amb. d'Etapes, St-Mihiel.

Murrit, Charles, Lyon, garde mob., c. de feu à la jambe. — Hôp. de la Clinique, Freibourg i/B.

Moinard, Alban, Poitiers, 14e b. garde mob., c. de feu à la jambe. — Hôp., Nancy.

Marquet, Emile, 27e l., 1er b., 3e c. — Hôp. Mersebourg. Evacué sur Wittenberg.

Meilhan-Bordes, Alfred, 2e zouaves, 1er b., 2e c.   do

Mathieu, Lazare, Cheilly, 69e ligne. — Hôp. milit., Trèves.

Moreau, Philippe, Chateauvieux, 73e ligne.   do

Muller, Eug., Heimiller, 12e ligne, — Hôp. civil, Trèves.

Metayer, Franç., Largeau, 19e ligne.   do

Mora, Julien, Etreux, 65e ligne.   do

Muller, Jacob, Ingwiller, 33e ligne.   do

Mazouin, Franç., Bourg, 98e ligne. — Hôp. milit., Trèves.

Moutier, Alfred, Mont-St-Père, 33e ligne.   do

Machet, Justin, Paris, 8e artill., caporal.   do

Marion, Louis, Le-Souil, 1er drag.   do

Maignot, Isid., Mougaroux (Oise), 3e artill., 9e b., blessé au pied. — Hôp. Ste-Barbara, Trèves.

Maurin, Henri, Angers, 2e artill., 8e batt. — Hôp. Ste-Barbara, Trèves.

Merlot, J.-B., Chalus (H.-Vienne), 3e zouaves, blessé. — Le 30 Octobre rapatrié comme invalide.

Michaud, Isid., no 2405, 16e chass. — Hôp., Carlsruhe. Evacué sur Rastadt.

Mohamed-ben-Kuan, no 217, 2e turcos.   do

Mohamed-ben-Monached, Oran, 2e turcos.   do

Marie, Aimé, Paris, 6e ligne, sergent. — Hôp. Turnhalle, Carlsruhe.

Massacret, Jean-Ph., (Gironde), 37e ligne. — Hôp. milit., Carlsruhe.

Mohamed-ben-Nehilut, 1er turcos. — Hôp. bar. 1, Berlin.

Maucourt, Napoléon, ? reg., 7e c. des pris. de g., serg. — Cas. des Pionn, Darmstadt.

Medan, Ambroise, Alboury,   do   do

Meunier, Jean, Mont-Dore (Puy-de-Dôme) 3e chass. à pied. — Hôp. de rés., Bingen.

Muignan, André, 7e c. de dépôt. — Caserne des Pionniers, Darmstadt.

Merceux, Pierre, St-Gilles.   do   do

Maillard, Marc-Ernest, 10e chass. à pied, serg. — Hôp. milit., Berlin.

Maréchal, Jos., 37e ligne, pneumonie. — Hôp. de rés., Lissa.

Moine, Jean, 37e ligne.   do

Ménguy, Jean, 15e chass. — Hôp. bar. 2, Berlin.

Moulin, Pierre, 3e chass. à p., bl. à l'épaule. — S'est échappé de Fleigneux, près Sédan.

Michaely, Charles, 5e ligne, 1er b., 1re c., serg., blessé au bras. — Ambul., Fleigneux. Evacué sur Sédan.

Mercier, Jean-Bapt., ouvrier d'admin., blessé à la jambe. — Ambul., Fleigneux. Evacué sur Sédan.

Monon, Villert-en-Haye, 10e c. du dépôt. — Hôp. Pasewalk. Evacué sur Stettin.

Mohamed-ben-Abud, Mostaganem, 6e c. du dépôt, blessé.   do

Maro, Franç., 7 turcos. — 9e Amb. du 6e Corps, Etampes. Evacué sur Corbeil.

Montassier, Franç., Paris, 34e ligne, fièvre. — Evacué sur le Dépôt des Prisonniers, Meiningen.

Montennez, Lille, 24e ligne. — Ambul., Varennes.

Mercier, Touzanges, 86e ligne, 3e b., 2e c. do

Marchalland, Alain, 26° ligne. — Amb. du 3° Corps, Pont-à-Mousson. (Evacué.)
Mistral, Jean-Ant., 15° ligne, serg.   d°
Morris, Jean, (Corréze), 2° ligne. — Hôp. de réserve, Halle. (Evacué.)
Marta, Hipp. (Drôme), 58° ligne.   d°
Marty, Henri, 1ᵉʳ ligne. — Amb. du 3° Corps, Pont-à-Mousson. (Evacué.)
Montfort (de), Simon, 4° chass. d'Afrique, c. de feu à la jambe. — Evacué de Fleigneux
    sur Sédan.
Michelet, Jean-Marie, Putier (Ain), 3° grenadiers de la garde. — Evacué de Leipzig
    sur Dresden.
Mohamed-ben-Adour, Oran, 2° turcos. — Evacué de Berlin sur Custrin.
Martin, Marc, 28° ligne. — Hôp. de réserve 1, Francfort s/M.
Moritz, Georges, Bischwiller, garde mob., 3° b., 5° c. — Hôp. de rés. 1, Mannheim.
Müller, Godefroy   d°   d°   d°   d°
Mignot, Claude, 7° drag. — Hôp. de réserve, Géra.
Marchand, Paul, 7° drag. — Hôp. de rés., Géra.
Moine, Baptiste, 49° ligne. — Evacué d'Oldenbourg sur Papenbourg.
Masson, 67° ligne.   d°   Lingen.
Mallard, 64° ligne.   d°   d°
Mathieu, Aug., 5° cuirass., sous-lieut., ophthalmie. — Hôp. de rés., Rostock.
Mathieu, Emile, 84° ligne, caporal. — Evacué d'Anclam sur Stettin.
Marrie, Puissant, 62° ligne, amputé du bras gauche. — Rapatrié le 26 Novembre.
Montperte, Jean, 93° ligne, c. de feu à la poitrine.   d°   25 Novembre.
Mousset, J., Lussan, 65° ligne, 1ᵉʳ b., 4° c., coup de feu à la cuisse. — Hôpital de
    réserve, Bonn.
Maulis, Philippe, 19° artill., 6° batt. — Ambulance d'Etapes, Trèves.
Mirabel, Emile, Paris, 55° ligne, 3° b., 4° c. — Hôpital de réserve, Tilsit.
Martin, Pierre, St-Martin (Vienne), 74° ligne, 1ᵉʳ b., 4° c.   d°
Mounier, Jean-M., Annonay (Ardèche), 77° ligne, 3° b., 5° c.   d°
Main, Baptiste, Zignac (Lot), 50° ligne, 1ᵉʳ b., 6° c.   d°
Marin, Aug., Paris, 70° ligne, 1ᵉʳ b., 3° c.   d°
Millier, Antoine, Vertrieux (Isère), 3° b., 5° c.   d°
Matha, Alexandre, Dufort (Gers), 99° ligne, 3° b., 5° c.   d°
Moulin, Nicolas, Lyon, 76° ligne, 3° b., 6° c., caporal.   d°
Moulin, Pierre, Chadrac (H.-Loire), 96° ligne, 1ᵉʳ b., 6° c.   d°
Marseille, Joseph, 3° ligne. — Hôp. de rés., Hanau.
Meunier, Etienne, 33° ligne. — Hôp. de rés. 1, Cassel.
Mathé, Etienne, 3° ligne, 2° b., 2° c., caporal. — Hôp. civil, Saverne.
Mousset, Simon, 33° ligne. — 4° Ambul. du 8° corps, Sains.
Marchand, Fidèle,   d°   d°
Millé, Edouard,   d°   d°
Magnard, Antoine, Varsoin (Rhône), 79° ligne, coup de feu au bras. — Ambulance
    d'Etapes, Epernay.
Mallon, Etienne, Sainbrat (Loire), 68° ligne. — Ambulance d'Etapes, Epernay.
Magnin, Lucien, Arras, 35° de marche, coup de feu à la cuisse. — Ambulance
    d'Etapes, Epernay.
Matton, Charles, Laud (Aisne), 15° ligne. — Ambulance d'Etapes, Epernay.
Martineau, 8° chass., adjud. — Evacué de St-Mihiel sur Pont-à-Mousson.
Moch, Metz, commandant-major. — Carlsruhe. En logement privé chez M. Lévy.
Murna, Jos., (Vosges), garde mob. — Hôp. militaire, Carlsruhe.
Moullec, Jos., 93° ligne, caporal, blessé à la jambe. — Hôp. de rés., Aschersleben.
Morio, Joseph, 10° ligne. — Hôp. de réserve, Rendsbourg.
Madec, Jean, 59° ligne.   d°
Moulin, Charles, 95° ligne.   d°
Mathelin, Marius, 62° ligne.   d°
Morère, Jean, 95° ligne.   d°
Mougenot, Victor, 10° ligne.   d°
Marcey, Pierre, 64° ligne.   d°
Moison, Alexandre, 11° ligne.   d°
Missifait, Eug., 19° ligne.   d°
Morin, Alexis, 2° marine, caporal.   d°

Merlier, Louis, 11e artill., 9e batt. Hôp. de rés., Rendsbourg.
Marzloff, Xavier,   do   do
Massonnier, Emile, 10e ligne. — Hôp. de réserve, Halle.
Molignet, Jean, 58e ligne.   do
Morelle, Aug., 53e ligne. — Hôp. de réserve, Géra.
Maréchal, Léon, 48e ligne, sous-officier. — Evacué de Hanovre sur Blenkenbourg.
Matter, Jos., 56e ligne.   do
Mercier, Paul, 42e ligne. — 7e Amb. du 6e corps, Villeneuve-St-Georges.
Müller, Martin, 112e ligne.   do
Macion, Jos.-Isidore, 110e ligne.   do
Maingard, Louis,   do   do
Madiou, Jean,   do   do
Mangin, Jean-Bapt., 90 ligne. — Evacué de Dessau sur Wittenberg.
Mollier, Jean, Carpentras, 2e ligne. — Au dépôt des prisonniers, Leipzig.
Michel, Victor, 1er chass. à p.   do
Mattai, Jean, Coggia, 3e ligne, caporal.   do
Müller, Victor, 110e ligne. — Hôp. militaire, Berlin.
Melut-Abd-el-Kader, ? turcos, 4e b., 3e c. — Evacué de Bromberg sur Stettin.
Moynard, G., 66e ligne, 1er b., 2e c., blessé à la main gauche. — Evacué de Brom-
    berg sur Stettin.
Mathieux, Benoit, 21e ligne, 1er b., 6e c. — Evacué de Bromberg sur Stettin.
Matoul, Pierre-Fréd., 98e ligne, 2e b., 2e c.   do
Muthé, El., 50e ligne. — Evacué de Coeslin sur Stettin.
Masse, Léopold, 6e hussards.   do
Mazeurac, Hubert, 7e ligne.   do
Moreau, Cyrille, 1er ligne. — Evacué de Francfort a/M sur Mayence.
Merlyon, Léon, 125e ligne, caporal.   do
Madion, Marie, 118e ligne. — Hôp. de réserve, Francfort a/M.
Mercier, Jean, 115e ligne, blessé à la tête.   do
Maniquet, Pierre, 20e artillerie. — Hôp., Haguenau.
Marquet, Ambroise, 3e ligne.   do
Magosson, Jules, 47e ? ligne. — Hôp. du Petit-Quartier, Haguenau.
Millet, Félicien, 45e ligne. —   Evacué de Tilsit sur Königsberg.
Macé, Etienne, Paris, 3e cuirass., 4e esc.   do
Mourarot, Félix, Montursin, 74e ligne, 3e b., 6e c.   do
Mohamed-ben-Daïb, Mostaganem, 2e turcos, 2e b., 2e c.   do
Mauris, Frédéric, St-Pol, 43e ligne, 2e b., 2e c.   do
Muet, Jean, Paris, 65e ligne, 2e b., 5e c.   do
Monteillet, 74e ligne, lieutenant. — En logement privé, Wissembourg.
Mulot, Martin, Nevers, 2e chass. à p. — 11e Amb. du 7e corps, ?.
Marquis, François, 115e ligne, blessé à la tête. — Evacué du Château-la-Grange
    sur Lagny.
Manceau, Louis, Mortagne (Vendée), 12e chass. à pied, contusion à la tête. — Asile
    Eulalie, Châlons s/M.
Marion, Jules, 55e garde mob. — Hôtel-Dieu, Châlons s/M.
Monod, Marie, 67e ligne. — Evacué de Lippstadt sur Wesel.
Martin, Pierre, 3e chass.   do
Marchaut, Jean, 67e ligne, bles. à la poitrine. do
Martin, Jules, garde mob., blessé au pied droit. — 3e Ambulance de la garde, Vil-
    liers-le-Bel.
Morge, Hippolyte, 93e ligne, 3e b., 3e c., coup de feu à la poitrine. — 6e Ambulance
    du 4e corps, Plessis-Bouchard.
Monier, Jean, (Meuse), 3e chass. — Amb. Nieder-Ingelheim.
Marchand, Louis, Dinay (Côte-d'Or), 18e de ligne. — Hôp. militaire, Rastadt.
Messer, Emile, Strasbourg, marine.   do
Manin, Félix, Aubenas, 3e zouaves.   do
Marselin, Aug., St-Péray (Ardèche), 36e ligne.   do
Meyer, Henri, Frœschwiller, garde mob.   do
Mougeot, Ferdinand, Serrigny,   do   do

Metz, Jos., Strasbourg, franc-tireur.   Hôpital militaire à Rastadt.
Michoud, Isidore, (H.-Savoie), 16e chass.   d°
Mohamed-ben-Kouan, Algérie, 2e turcos.   d°
Mohamed-ben-Aouer,   d°   d°
Machino, Pierre, Haspelcheidt (Moselle), 67e ligne.   d°
Martin, Jean, (Finistère), 63e ligne.   d°
Messner, Michel, Soufflenheim (Bas-Rhin), garde mob. d°
Mucher, Jacques, Hœrdt d°   d°   d°.
Moritz, Eugène, Ingwiller d°   d°   d°
Mehn, Joseph, Schæffersheim d°   d°   d°
Mayette, André, (Sarthe), 2e ligne.   d°
Mandrot, François, Vandan (Indre), 99e ligne.   d°
Marchand, François, Donheurs (Vienne), 50e ligne. d°
Mimiconi, Joseph, Fa (Corse), 76e ligne.   d°
Maillot, Jacq., Mont-de-Laval (Doubs), d°   d°
Massé, Antoine, Angers,   d°   d°
Masson, Jules, Courcey (Doubs),   d°   d°
Malzac, M.-Aug., Laboste (Aveyron), d°   d°
Moisy, Analh., Lixy (Rhône), 67e ligne.   d°
Mohamed-ben-Assen, 3e turcos.   d°
Martin, Célestin, Amboise, 76e ligne.   d°
Mohr, Martin, Oberschoffelsheim, (Bas-Rhin], garde mob. d°
Masart, Aug., Mutzig, 96e ligne. — Hôp. des varioliques. Rastadt.
Masmosa, François, Strasbourg, douanier.   d°
Mougeot. Victor, 69e ligne, caporal. — Ambul., Teterchen.
Michelis, Paul, 5e chass. à pied. — Hôp. militaire, Sarrelouis.
Mangin, Aug., 75e ligne, sergent.   d°
Millard, Alexandre, 64e ligne.   d°
Martini, Edmond, garde mob., 14e b. — Amb. de la garde, Gonesse.
Misseweit, Jean, 43e ligne. — Hôp. militaire, Sarrelouis.
Maruit, Jean-Dapt., 15e ligne.   d°
Mourrai, Louis-Jean, 65e ligne.   d°
Mann, Louis, 59e ligne   d°
Müller, André, 33e ligne.   d°
Moler, Léon, 26e ligne.   d°
Mailhes, Bernard, 59e ligne.   d°
Murat, Cadet, 54e ligne.   d°
Miau, Pierre-Eug., 70e ligne, serg.   d°
Murat, Jacques, 2e chass.   d°
Mutschler, Georges, 65e ligne.   d°
Morvan, Yves, 10e ligne.   d°
Manan, Aug., 64e ligne.   d°
Morel, Ferdinand, 10e ligne.   d°
Marie, Ismaël, 70e ligne.   d°
Mazier, François, Bourg, 98e ligne. — Hôp. de rés., Trèves.
Merdy, 17e ligne. — Evacué d'Oldenbourg sur Lingen.
Maté, d°   d°   Papenbourg.
Malay, 64e ligne.   d°   Lingen.
Marie, Joseph, 3e cuirass., 4e esc. — Hôp. civil, Saverne.

Nickel, Jacques, Barr (B.-Rh.), 6e de ligne. — Evacué de l'hôp. de Carlsruhe sur Rastadt.
Neuvé, Louis, 93e de ligne — Hôp. baraq., 2, Berlin.
Noël, Jean-Bapt., Laleu, rég. inconnu, 3e comp. de dépôt, coup de feu à la main,
  guéri. — Evacué de l'Hôp. Pasewalk sur Stettin.
Narbonne, François, Lyon, 61e de ligne, 2e b., 3e corps, sergent, blessé. — Asile Eulalie,
  Châlons s/M.
Nonheim, Charles, 22e de ligne. — Amb. d'Etapes à Trèves.
Noël, Moïse, 67e de ligne.   d°

Noguès, Alphonse, Nay, (Tarn,) 53e de ligne. — Amb. d'Etapes à Epernay.
Nicolas, Georges, Bosendorf (Moselle,) 99e de ligne, tamb. maj. — Hôp. Civil, Haguenau.
Nicolet, Léopold, 9e dragons. — Amb., Weissenfels.
Niel, Hilaire, 41e de ligne. — Hôp. de réserve, Rendsbourg.
Niard, Louis, 90e de ligne.   d°
Normand, Christophe, 17e chass. à p., blessé au genou. — Evacué de Bromberg sur
    Stettin.
Naulet, (de) Auguste, Lille, 65e de ligne, blessé à la cuisse et au pied. — 11e Amb. du
    7e corps, ?
Navarèze, Arthur, Lille, 65e de ligne, blessé au visage. — 11e Amb. du 7e corps, ?
Nicolle, Jean, St-Manvieu, 15e de ligne. — Hôp. militaire, Trèves.
Negrovier, Mart., Treignat, 42e de ligne, blessé à la jambe. — Amb. d'Etapes à Epernay.
Neuville, Camille, Illiot, (Aveyron,) 2e lanciers. — Hôp. militaire, Rastadt.
Necker, Jacob, Strasbourg, 44e de ligne.   d°
Noyel, Jean-Charles, 85e de ligne. — Hôp. militaire, Sarrelouis.
Nicloux, Jean-Bapt., 2e train.   d°
Ninin, Léon, 22e de ligne.   d°
Niglott, Lucien, Château (Mayenne,) 47e de ligne, 1r b., 4e corps. — Hôp. de réserve, Tilsit.

Ott, Joseph, 33e ligne. — Hôp. mil. à Sarrelouis.
Oziara, Léopold, Boisseau, rég. inconnu, 8e c. du dépôt, inflammation aux genoux. —
    Hôp., Pasewalk, évacué sur Stettin.
Oberlin, Phil., (H.-Rhin), garde mob. — Hôp. mil., Rastadt.
Oswald, Henri, 8e ligne. — Amb. du 3e corps, Pont-à-Mousson.
Ostier, François, 25e ligne, caporal. — Amb., Marange.
Oeters, Léopold, Boulogne, 62e ligne, 1er b., 3e c. — Hôp. de rés., Tilsit.
Ott, Peter, Volksberg, 60e ligne. — Amb. d'étapes, Hamm.
Odet, Louis, 54e ligne. — Evacué de Dessau sur Wittenberg.
Ossam-ben-Saïd, 3e turcos. — Hôp., Haguenau.
Ougernat, E., Lille, lég. étrang. — Asile Eulalie, Châlons-s/M.
Oury, Philémon, garde mob., 1er b., 7e c., coup de feu à la cuisse g. — 6e amb. du 4e
    corps, Plessis-Bouchard.
Ott, Frédéric, Duberg (B.-Rhin), garde mob. — Hôp. mil., Rastadt.
Otto, Eugène, Landousque (Alp.-Mar.), garde mob.   d°

Pasquette, Victor, 41e ligne. — Evacué de Dessau sur Wittenberg.
Pichon du Gravier, 18e inf., lieutenant, coup de feu au ventre. Interné à Danzig.
Poincelot, Valentin, 5e drag. 1er esc. — Hôp. de res. à Rensbourg.
Pretot, Arsène, 16e chass. à pied.   d°
Pagel, Jules-Antoine, 7e dragons. — Hôp. de rés. à Gera.
Preche, Prosper, 117e ligne. — 7e amb. du 13e c. à Boissy-St-Léger.
Petot, 10e inf., lieutenant, coup de feu à la cuisse gauche. Interné à Danzig.
Plombin, J.-B., état-major-général, général de brigade. —   d°
Perrin. 57e inf., sous-lieutenant, contusion à l'épaule droite.   d°
Ply, 3e inf., sous-lieutenant, coup de feu à la poitrine.   d°
Patrie, Jean. Auguson, 2e artill., 7e batt., surdité. — Hôp. mil., Altenbourg.
Pelissier, J., Cahors, 67e ligne, coup de feu à la jambe. — Hôp. de rés., Bielefeld.
Pagot, Jean, la Garnache, 93e ligne.   d°   d°
Pillas, J.-B., 4e ligne, 3e b., 2e c. — Hôp. baraq., Brême.
Plassard, Claude, St-Bonnet, 18e ligne, 4e b., 4e c., contusion au genou. — Hôp. de
    rés., 3, Leipzig.
Prudent, Léon, St-Pont (Allier), 41e ligne. — Hôp. de rés., Wolfenbuttel.
Pitz, Ferd.-Gust.-Jean, 29e ligne. — Hôp. de rés., Cassel, évacué sur Lissa.
Pilot, Hugo, Venteuil, employé au ch. de fer, contusion. — Amb. à Epernay, échappé
    le 17 Novembre.
Piquet, Manuel, 34e ligne, s.-lieut. — Hôp., Halberstadt.
Palas, E., Poutens, 73e ligne, blessé. — Hôp. mil., Trèves.

Pourchet, Joseph, Pontailler, 43e ligne, 1er b. — Maison mère de St-Borromée à Trèves.
Pirrout, Jean, Geissingen, 4e ligne. — Hôp. civil, Trèves.
Prestat, Gustave, Pernay, 62e ligne.   do
Para, Hippolyte, Gap, 15e artill. — Hôp. mil., Trèves.
Philippe, J.-B., Chenecey (Doubs), 56e ligne, blessé. — Rapatrié le 31 Oct.
Petit, Pierre, Charnay (Charente) 2e garde.— Evac. de l'hôp. de Carlsruhe sur Rastadt.
Potel, François, 93e ligne, — Hôp. Turnhalle, Carlsruhe.
Puig, Jean, (Pyrénées), 7e ligne. — Rapatrié le 6 Nov.
Pillot, Joseph, Chérisey (Moselle), 1er ligne. — Hôp. de rés., Schweidnitz, (guéri).
Panzer, Eugène, Phalsbourg, artill. de la garde, fourrier. — Hôp., Giessen.
Prevot, Prosper, Bazeuge, 1er artill. 12e batt., pet.-vérole.   do
Piot, Armand, 2e train d'artill. — Evacué de l'hôp. de Dessau sur Wittenberg.
Patorni, Napoléon, 24e ligne, lieut. — Hôp. baraq. 2, Berlin, évacué sur Spandau.
Pogaud, André, 3e ligne, rhumatismes. — Hôp. de rés., Wrietzen.
Philippe, Adolphe, Senon, rég. inconnu, 6e c. du dépôt. blessé. — Evacué de l'hôp. de
    Pasewalk sur Stettin.
Pierre, David, Moulins, rég. inconnu, 26e c. du dépôt. — Evacué de l'hôp. de Pasewalk
    sur Stettin.
Petit, Louis, 93e ligne. — Hôp. baraq. 2. Berlin.
Peltier, Julien, 75e ligne. — Amb. du 3e corps, Pont-à-Mousson. Evacué.
Polge, Aug., 1er zouaves.   do
Pinet, Pierre, 93e ligne.   do
Pinguet, Etienne, 79e ligne.   do
Piguet, Jacques, 10e ligne. — Hôp. de rés., Halle a/S.
Parmentier, Jules, (Seine-Inf.) 44e ligne. do
Péron, Yves, 41e ligne, coup de feu à la poitrine. — Amb. du 8e corps, Courcelles.
Pavard, Jules, 33e ligne. Evacué de l'hôp. de Dessau sur Wittenberg.
Petit, Armand, 8e ligne, 1er b., 3e c. — Amb. du 3e corps, Pont-à-Mousson.
Penisson, Théod., Nap.-Vendée, 79e ligne, 2e b., 3e c. — Hôp. de rés. 1, Leipzig.
Pichot, Pierre-Charles, 44e ligne. — Hôp. de rés., Wetzlar.
Prudent, Léon, 41e ligne. — Evacué de Wolfenbuttel sur Hanovre.
Pinton ou Pinson, Pierre, Bromont, 96e ligne. — Hôp. de rés. 1. Francfort s/M.
Printemps, Emile. 78e ligne, lieut. — Lunéville.
Parent, 29e ligne. — Breslau.
Puqueur, Alfred, 61e ligne. — Géra (évacué).
Pillet, Joseph, franc-tireur, blessé au bras. — Amb. no 3 de la garde, Villiers-le-Bel.
Pourchet, Claude, Beaumont, 13e ligne. — Bingen.
Puge, Alfred, Cauterets, 70e ligne.   do
Poirier, 82e ligne. — Evacué d'Oldenbourg sur Lingen.
Perrier, 63e ligne.   do
Petit, Jean, 31e ligne. — Evacué d'Oldenbourg sur Papenbourg.
Pierrel, Em., 83e ligne.   do   sur Emmelen.
Paquier, 7e artill.   do   do
Paris, Jean, 58e ligne.   do   sur Lingen.
Pontet, 2e marine.   do   do
Pasco, Jean, 87e ligne. — Amb. d'étapes, Wissembourg.
Pravel, Pierre, 1er ligne. — Evacué de Teterchen sur Sarrelouis.
Ponchamps, Emile, 65e ligne. — Amb. d'étapes, Trèves.
Pfliger, Jos., 57e ligne, serg.-fourr.   do
Petron, Alfred, Paris, 14e ligne, fourrier. — Hôp. de rés., Hanau.
Pathiot, Ernest, Paris, 3e ligne, 2e b., 3e c. —   Hôp. de rés. à Tilsit.
Perrin, Jean, Plotte, (Seine), 95e ligne, 3e b., 4e c.   do
Ponsonnet, Joachim, St-Victor-la-Poste (Gard), 67e ligne, 1er b., 2e c. — Hôp. de rés.
    Tilsit.
Pelat, Emile, Paris, 64e ligne, 1er b., 6e c. — Hôp. de rés., Tilsit.
Pougain, Félix, Metz, 45e ligne, 3e b., 4e c.   do
Puycouyoul, Louis, 96e ligne, 3e b., 2e c. — Hôp. civil, Saverne.
Petit, James, Jean-de-Raids, 61e ligne, lieut. — Hôp. de rés., Hanau.
Pfohl, Antoine, 43e ligne. — Hôp. de rés., Naumbourg.

Portin, Pierre, 1er ligne, blessé au visage. — Ambulance du Séminaire, Pont-à-Mousson.
Pineau, Pierre, St-Gérion, 97e ligne. — Hôp. de rés., Neuwied.
Prat, Cyr., Garanou, 77e ligne, capor. d°
Potier, Emile, 33e ligne. — Hôp. de rés., Rendsbourg.
Purel, A., 94e ligne. d°
Prondeau, Ferd., 41e ligne. d°
Patry, Louis, d° d°
Pregan, Charles, 8e drag., 2e esc., d°
Perard, Jules, 73e ligne. d°
Portet, Victor, 100e ligne, capit. — Hôp. de réserve, Oppeln.
Pouvier, Jules, 53e ligne. d° Géra.
Petiel, Jules-François, 118e ligne. — 7e Amb. du 6e corps, Villeneuve-St-Georges.
Paty, Martin, 7e ligne. d°
Pranna ou **Pranat**, Alex., 110e ligne. d°
Personic, Jules, d° d°
Patry, Joseph, d° d°
Purneau, Joachim, 59e ligne. — Evacué de Dessau sur Wittenberg.
Peyrabon, Chr., St-Georges-la-Pougue, 2e ligne, caporal. — Hôp. de rés., Leipzig.
Philippo, Auguste, 34e ligne, 2e b., 2e c., blessé au bras. — Evacué de Bromberg sur Stettin.
Poirof, Laurent, 65e ligne, 3e b., 6e c., blessé au pied. — Evacué de Bromberg sur Stettin.
Potet, Constant, 2e huss., 6e esc., brigadier. — Evacué de Bromberg sur Stettin.
Payro, François, 1er zouaves. — Evacué de Cöslin sur Stettin.
Philippe, Pierre, 22e ligne. d°
Pascal, L., 20e ligne, serg.-maj. — Hôp. de rés., Francfort a. M.
Patrie, Joseph, 115e ligne. — Hôp. de rés. 1, Francfort a. M.
Poncin, Louis, d° d°
Pontavice (de), Guy, garde mob. d'Ille-et-Vilaine, lieut. — Amb., Saverne.
Pale, Jos., 2e zouaves. — Hôp., Haguenau.
Porthaux, Gust., 3e ligne. d°
Putscher, Georges, 115e ligne, tambour. — Hôp. d'Etapes, Wissembourg.
Prades, Ferd., 126e ligne. d°
Pison, Ferd., Lyon, 115e ligne, coup de feu au bras. — 1re Amb. du 2e corps, Château-la-Grange.
Poupin, Emile, St-Maixent, 65e ligne, caporal. — Asile Eulalie, Chalons s. M.
Pean, Pierre, Erbray, 64e ligne. — Hôp. de rés., Trèves.
Pierrot, Jean, Singlingen, 4e ligne. d°
Point, Aimé, Paris, 28e de marche, 3e b., caporal. — Amb. d'Etapes, Epernay.
Poullot, Pierre, St-Paul (Vendée), 115e ligne. d°
Poirçon, Jos., Sommercourt (H.-Marne), 120e ligne, blessé à la tête et à la jambe. — Amb. d'Etapes, Epernay.
Pautrat, S., 95e ligne, coup de feu au bras. — Hôtel-Dieu, Châlons s. M.
Penard, Théodore, Andigné (Sarthe), 19e ligne, 3e b., 3e c. — Elisabethstiftt, Darmstadt.
Pareil, Jean, 135e ligne, 1er b., 2e c., offic., contusion à la poitrine. — 6e Amb. du 4e corps, Plessis-Bouchard.
Planque, Aymard, garde mob., 1er b., 1re c., contusion à la poitrine. — 6e Amb. du 4e corps, Plessis-Bouchard.
Peyrebel, Pierre, (Gers), 34e ligne. — Hôp. de rés., Meiningen.
Perret, Jean, Schœnau (B.-Rhin), 2e lanciers. — Hôp. mil., Rastadt.
Pakrel, Joseph, Nordheim d° 1er ligne. d°
Puscher, Paul, Montflovin (Doubs), 6e ligne. d°
Petit, Pierre, Charmé (Charente), 2e gren. de la g. d°
Portier, Florent, Gaillac (Indre), 40e ligne. d°
Papot, Jean, Beaulieu (D.-Sèvres), 76e ligne. d°
Poulin, Isidore, Levé (Cher), d° d°
Puvrelle, Nicolas, Ragasse, d° — Hôp. des variol., Rastadt.
Palierne, Louis, Châteaubriant, 75e ligne. — Hôp. mil., Rastadt.

Prévot, Louis, (B.-Rhin), 40e ligne. — Hôp. mil., Rastadt.
Piparron, Pierre, St-Front-la-Rivière, 40e ligne. do
Peyrusaubes, Jean, Labatay, 67e ligne, do
Praveil, Pierre, 1er ligne. — Amb., Teterchen.
Pichot, Jean-Marie, 65e ligne. do
Pilon, François, 33e ligne. do
Pochet, Félix, 13e ligne, 2e b. — Evacué de Sarrelouis sur Darmstadt.
Petelin, Léon, 8e art., 6e batt. do
Pillet, Joseph, franc-tireur de la Presse, c. de feu au bras. — Ambulance de la Garde,
 Gonesse.
Pignonblanc, Gautier, Paris, garde mob., 14e b., c. de feu à la jambe. — Amb. de la
 Garde, Gonesse.
Petit, François, Paris, 28e de marche, coup de feu au genou gauche. — Ambul. de la
 Garde, Gonesse.
Point, Aimé, Batignolles, 28e de marche, c. de feu au cou et au bras. — Ambul. de la
 Garde Gonesse.
Puffer, Nicolas, 65e ligne. — Hôp. mil., Sarrelouis.
Panelle, Victor-Pierre, 33e ligne. do
Petit, J., 65e ligne. do
Payus, Paul-Pascal, 15e ligne. do
Petitjean, François, 1er chass, do
Parsignon, Constant, 94e ligne. do
Petitjura, Pierre-Louis, 98e ligne. do
Politre, Ignace-Antoine, 28e ligne. do
Prodhon, Léon, 95e ligne. do
Pleven, Alfred, 59e ligne. do
Parjean, Louis, 65e ligne. do
Pluquet, Henri, 64e ligne. do
Prouteau, Jean-Louis, 54e ligne. do
Prunet, Jean-Marie, 10e ligne. do
Perigney, Jacques, 94e ligne. do
Penon, Etienne, 08e ligne. do

Quetier, Pierre, 110e ligne. — Hôp. de bar. 2 à Berlin.
Questel, Jules, Elbeuf, 70e ligne, blessé à la hanche. — Hôp. de rés. à Bielefeld.
Quentin, Alexis, Bressé (Mayenne) 54e ligne, blessé. — Rapatrié de l'hôp. de Carlsruhe
 le 31 Octobre.
Quin, Paul, Noix (Cher) 94e ligne, 2e b. 5e c., coup de feu au pied droit.— Elisabeth-
 stift à Darmstadt.
Quérésoret, Jean, 94e ligne, 2e b, — Evacué de Sarrelouis sur Darmstadt.

Riehl, Joseph, 3e garde, blessé à la jambe. — Hôp. de rés. à Bielefeld.
Roi, Xavier, 57e ligne. — Amb. d'étapes à St-Mihiel.
Roussel, Bénoit, Montalieu (Isère) 40e ligne, 2e b., 2e c. — Hôtel-Dieu à Châlons-s/M.
Rodier, François, 3e voltig. de la garde, 3e b., blessé. Amb. à Lizy.
Roussel, Charles, 25e ligne, 1er b. 6e c. — Evacué de l'hôp. de Mersebourg sur Wittenberg.
Raymond, Jean, 66e ligne. — Hôp. mil. à Trèves.
Risville, François, St-Dié, 15e artill. catarrhe de l'estomac. — Hôp. mil. à Trèves.
Rey, Paul, Paris, 1er artill. do
Rouaud, François, 65e ligne. do
Rouger, Antoine, Jurange, 10e ligne, caporal. do
Roussel, Martin, Houilles (Seine-et-Oise), 1er zouaves, blessé. — Rapatrié de l'hôp. de
 Carlsruhe, le 31 Oct.
Roblot, Jean, No matricule 2800, 72e ligne. — Evacué de l'hop. de Carlsruhe sur
 Rastadt.

Richard, Jean, N° matricule 3567, 96° ligne; blessé. — Evacué de l'hôp. de Carlsruhe sur Rastadt.

Ripert, Félix, N° matricule 2708, 78° ligne, blessé. — Evacué de l'hôp. de Carlsruhe sur Heidelberg.

Remy, Henri, Massey (Deux-Sèvres), garde mob., blessé. — Evacué de l'hôp. de Carlsruhe sur Rastadt.

Rappold, François, Beauvillers, 16° artill. (dépôt), gastrite. — Hôp. de rés. Schweidnitz.

Rederon, Aug. Wachon (Cher), 37° ligne. — Hôp. St-Charles à Pont-à-Mousson. (Evacué).

Radic, Jos., Plurivon, 11° ligne.   d°

Renaut, Eug., St Gabriel, rég. inconnu (7° comp. de dépôt). — Caserne des prisonn. à Darmstadt.

Rombeau, 98° ligne. — Amb. du 10° corps à Marange. (guéri).

Richer, Stanislas, St-Béatrix, 5° artill. — Evacué de l'hôp. de Leipzig sur le dépôt.

Rivier, Pierre, 1er génie, contusion à la poitrine. — Evacué de l'hôp. de Butzow sur Stettin.

Raquin, Claude, 10° d'artill. 10° comp. — Evacué de l'hôp. de Dessau sur Wittenberg.

Reinglie, Dominique, 18° ligne. — Hôp. baraq. 2 à Berlin.

Raban, Gustave, 3° ligne, caporal, rhumatismes. — Hôp. de rés. à Wrietzen.

Renard, Marie-François, 3° ligne, catarrhe pulm.   d°

Rodarey, Joseph, 18° ligne, musicien, coup de feu à la cuisse. — Evacué de l'amb. de Fleigneux sur Sédan.

Retière, Aug., 100° ligne, catarrhe pulm. — Evacué de l'hop. de Wrietzen sur Stettin.

Rossire, Michel, 3° chass. — 9° amb. du 6° c. à Etampes, évacué sur Corbeil.

Robardet, Hippolyte, 12° chass. à pied, 4° c., sergent-major. — Amb. du 2° c. à Pont-à Mousson.

Rinkenbach, Emile, 23° ligne, adjud. — Amb. du 3° c. à Pont-à Mousson.

Rozier, 63° ligne, blessé aux yeux. — 2° amb. du 3° c. à Toul. (Evacué).

Roux, P., 6° ligne, 1er b., 1re c. — Amb. d'étapes à Bingerbruck.

Risser, Alphonse, Lautenbachzell (H.-Rhin), garde mob. — Hôp. de rés. 1 à Leipzig.

Raymond, Antoine, Chambéry, 4° hussards, 6° esc. — En caserne à Leipzig.

Rossignol, Jean-Paul, Port de St-Cyr, lanciers de la garde, 3° esc. — En caserne, Leipzig.

Rouger le Grand, Colmar, 4° voltig. de la garde, lieutenant. — Hôp. de rés. à Neuwied.

Roux, Adolphe, 3° ligne. — Hôp. mil. à Erfurt.

Rändel, Antoine, Weitbruch, garde mob. 3° b. 8° c. — Hôp. n° 1 à Mannheim.

Rauhier, Charles, Strasbourg, garde mob. 3° b. 5° c.   d°

Rayon, Eugène, 93° ligne. — Hôp. n° 6 à Mannheim.

Roussel, Benoit, Montalieu, 40° ligne 2° b. 2° c. — Asile Eulalie à Châlons-s/M.

Roussel, Louis, 83° ligne. — Hôp. à Breslau.

Remy, Aug., 7° dragons. — Hôp. à Géra,

Reisser, Jean, Grande-Fosse, 64° ligne 3° b. 7° c. — Hôp. à Offenbach.

Roux, Adolphe, 3° ligne. — Hôp. mil. à Erfurt.

Rubinstein, Louis, garde mob. 14° b. 6° c. — Hôtel-Dieu à Reims.

Riverain, Léop.   d°   d°

Regnault, Alphonse, 65° ligne. — Evacué de Sarrelouis sur Darmstadt.

Roux, Joseph, 17° artill., 2° batt. — Evacué d'Anclam sur Stettin.

Romœuf, Pierre, 79° ligne 3° b.   d°

Roland, Yves, 23° ligne. — Evacué de Teterchen sur Sarrelouis.

Rouard, Antoine, 62° ligne.   d°

Rouand, François-Jos., 65° ligne. — Amb. d'étapes à Trèves.

Roulion, 26° ligne.   d°

Raffé, Jean, 93° ligne.   d°

Rousselle, Emile, Lure (H.-Saône), 80° ligne. — Hôp. de rés. à Tilsit.

Richard, Charles, (Sarthe), 12° ligne 1er b. 2° c.   d°

Roubeau, Ernest, Bouissenel (Vaucluse), 12° ligne, 3° b. 5° c. — Hôp. de rés. à Tilsit.

Rabillon, François, 3° ligne, 1er b. 1re c. — Hôp. civil à Saverne.

Royer, Claude, 33° ligne. — 4° amb. du 8° c. à Sains.

Riguet, Léon, 33° ligne.   d°

Riboulot, 110° ligne, blessé à l'épaule droite. — 8° amb. du 6° corps à Ablon.

Rondet, Paul, Dun-le-Roi, 52° ligne, blessé au bras. — Amb. d'étapes à Epernay,

Risel, Joseph, 24° ligne.   d°

Rousset, Pierre, St-Louis (Aube), 28ᵉ de marche, blessé au cou. Amb. d'étapes, Epernay.
Robinson, Jean, Balonche, 16ᵉ chass. — Hôp. civil à Haguenau.
Rochet, François, La-Plaine, 99ᵉ ligne. — Au dépôt des prisonniers à Meiningen.
Rouyer-le-Grand, Colmar, 4ᵉ voltig. de la garde, lieutenant. — Hôp. de rés, à Neuwied.
Rouvelin, Jean-Bapt., 8ᵉ drag., 2ᵉ esc. — Hôpital de réserve Rendsbourg.
Rosan, Louis, 51ᵉ ligne.   do
Ramet, Jean, 51ᵉ ligne.   do
Rex, André, 66ᵉ ligne.   do
Renaud, Victor, 19ᵉ ligne.   do
Ruet, Samuel, 85ᵉ ligne. —   Ambulance d'étapes Hamm.
Raymond, Claude, 85ᵉ ligne.   do
Richerd, Louis-Jos., 1ᵉʳ génie.   do
Riegne, Emile, 71ᵉ ligne.   do
Richette, Hippolyte, St-Martin-les-Landes, 65ᵉ l. do
Remache, Lucien, garde nat., lieutenant. — Château Pereire, Tournan.
Richard, Pierre, 110ᵉ ligne. — 7ᵉ Ambulance du 6ᵉ corps, Villeneuve St-Georges.
Raymon, Jean, 87ᵉ ligne. — Evacué de Dessau sur Wittenberg.
Rouvière, Casimir, Prunet, 3ᵉ train 14 comp. — Au dépôt des prisonniers, Leipzig.
Roux, Pierre, 6ᵉ ligne. — Evacué de Bingerbrück sur Coblence.
Rudor, Jean, 19ᵉ ligne. — Hôpital militaire, Berlin.
Ratier, D., 66ᵉ ligne, 2ᵉ bat., 5ᵉ comp., blessé à la cuisse. — Evacué de Bromberg sur
    Stettin.
Rouamin, Pierre, 1ᵉʳ ligne, 1ᵉʳ bat. 4ᵉ comp. — Evacué de Bromberg sur Stettin.
Renard, René, 3ᵉ zouaves, caporal, — Evacué d'Hildbourghausen sur Stettin.
Richàrd, Pierre, 110ᵉ ligne. — Hôpital de réserve, Francfort-s/M.
Roux, Raymond, 47ᵉ ligne. — Hôpital petit quartier, Haguenau.
Rathineau, François, 47ᵉ ligne. — Hôpital civil, Haguenau.
Racadot, Eug., Nancy, 8ᵉ ligne, 2ᵉ bat., 2ᵉ comp., caporal. — Evacué de Tilsit sur
    Königsberg.
Ribot, François, 115ᵉ ligne. — Ambulance d'étapes, Wissembourg.
Rodier, François, Paris, voltig. de la garde, contusion à la main g. — Asile Eulalie,
    Châlons-s/M.
Rosier, Adrien, Bonnétable (Sarthe), 35ᵉ ligne. — Hôpital militaire, Aix-la-Chapelle.
Regnier, Félix, Luxeuil (H.-Saône), garde mobile.   do
Ribaud, Franç., Monthois, 115ᵉ ligne, blessé au bras dr. — 1ʳᵉ Amb. du 2ᵉ c., Château
    la Grange.
Richard, Pierre, (Côtes-du-Nord), 135ᵉ ligne, blessé au visage. — 6ᵉ Amb. du 4ᵉ c , Ples-
    sis-Bouchard.
Richarmoz, Aug., 135ᵉ ligne, blessé au cou. — 6ᵉ Amb. du 4ᵉ c., Plessis-Bouchard.
Raye, Jean, 87ᵉ ligne, coup de feu à la jambe dr.   do
Roland, François, 87ᵉ ligne, coup de feu à la cuisse.   do
Roth, Jean, Eckwersheim (Bas-Rhin), 18ᵉ ligne. — Hôpital militaire, Rastadt.
Rohe, Martin, Oberhoffen (Bas-Rhin), garde mobile.   do
Ros, Joseph, Ettendorf (Bas-Rhin), garde mobile.   do
Richard, J. B., la Tuile (Savoie), 96ᵉ ligne.   do
Roth, Georges, Eckwersheim (Bas-Rhin), garde mobile,   do
Rivière, Mathieu, Toulouse, 3ᵉ zouaves.   do
Remy, Henri, (Deux-Sèvres), garde mobile.   do
Reinhardt, Louis, Wörth (Bas-Rhin), garde mobile.   do
Rummel, Jacques, Clébourg (Bas-Rhin), garde mobile.   do
Reinberger, Jaques, Robertswiller (Bas-Rhin), garde mobile.   do
Rietsch, Joseph, Mulhouse, 98ᵉ ligne.   do
Rabillon, Pierre, (Loiret), 74ᵉ ligne.   do
Robert, A. Vitry-aux-Loges. 74ᵉ ligne.   do
Rambault, Jean, Sablet (Vaucluse), 6ᵉ lanciers.   do
Roi, Alfred, (Doubs), 66ᵉ ligne.   do
Riess, Charles, Strasbourg, garde mobile.   do
Rey, Xavier, Munchhausen, douanier. — Hôpital de varioliques, Rastadt.
Ries, Charles, Obersteibach, douanier.   do
Rott, Jean, Metz, 74ᵉ ligne.   do

Roland, Yves, 29ᵉ ligne. —   Hôpital des varioliques, Rastadt.
Rozette, Etienne,-Edouard, garde mobile, 2ᵉ b., 7ᵉ c. dᵒ
Rajous, Antoine, 54ᵉ ligne. — Hôpital militaire, Sarrelouis.
Renault, Daniel, 98ᵉ ligne.   dᵒ
Rousseau, Charles, 5ᵉ chasseurs.   dᵒ
Ruellon, Henri, 33ᵉ ligne.   dᵒ
Remy, Jean, 1ᵉʳ ligne.   dᵒ
Ruffin, Désiré, 70ᵉ ligne.   dᵒ
Robert, Jules, 93ᵉ ligne.   dᵒ
Richet, Charles, 64ᵉ ligne.   dᵒ
Roussel, Henri, 1ᵉʳ d'artillerie.   dᵒ
Reveillard, Franç., 1ᵉʳ dragons, 1ᵉʳ esc.   dᵒ
Riquard, Jean, 10ᵉ cuirassiers, 1ᵉʳ esc.   dᵒ
Roth, Frédéric, Sannheim, 87ᵉ ligne. — Hôpital de réserve, Hanau.
Rautureau, Léon, Montaigne, 81ᵉ ligne. — Ambulance d'Etapes, Hamm.
Rimboud, Jean, St-Hilaire, 100ᵉ ligne.   dᵒ
Ricard, François, (Nièvre), 6ᵉ comp. de remonte. — Hôp. milit., Aix-la-Chapelle.
Rennais, Marie, 10ᵉ bat. garde mobile, blessé au cou. — 1ʳᵉ Amb., 6ᵉ c. Châlons-s/M.
Renand, St-Mars (Seine-et-Oise), 40ᵉ ligne. — Hôpital militaire, Rastadt.
Robin, Charles, Vanves (Seine), 14ᵉ bat. garde mobile, blessé à la mâchoire. — Amb.
    de la garde à Gonesse.

Sᵗ. Quentin, (de), 28ᵉ inf., s.-lieut. Éclat d'obus à la cuisse droite. Int. à Dantzig.
Seuret, 93ᵉ inf., s.-lieut. Blessures au cou et au coude.   dᵒ
Sᵗ. Martin 93ᵉ inf., lieut.-col., coup de feu à la nuque.   dᵒ
Salomé, 93ᵉ inf., capitaine, coup de feu au flanc gauche.   dᵒ
Sänger, Simon, Hiederbourg, 34ᵉ de ligne, 3ᵉ b., 6ᵉ c. — Loge maçonnique, Alten-
    bourg. (Evacué.)
Schwab, Denis, 63ᵉ de ligne, 1ᵉʳ bat., 5ᵉ c. — Hôpital baraq., Brème. (Evacué.)
St-Sipery, Charles, 13ᵉ chass. à p., 5ᵉ c.   dᵒ
Salaville Barth., 15ᵉ chass. à p., 5ᵉ c., blessé au bras et à la jambe. — Ambulance
    du 8ᵉ corps, Courcelles.
Schædelin, 11ᵉ de ligne, sergent, — Rapatrié de l'Hôp. d'Etapes, à St-Mihiel, le 17 Nov.
Saustre, Jean, Cazillac, 42ᵉ de ligne, coup de feu à la jambe. — Amb. Epernay.
Sinet, Alph. Nachpellé, (Aisne), 15ᵉ de ligne, 2ᵉ bat., 5ᵉ c., coup de feu au bras. — Ra-
    patrié de l'Ambulance, Nancy, le 17 Novembre.
Stroh, Jos. Wanzenau, 1ᵉʳ train d'artillerie. — Hôp. mil., Trèves.
Stuber, Charles, Guebwiller, 33ᵉ de ligne.   dᵒ
Sérizier, Henri, Corenc, 93ᵉ de ligne, 1ᵉʳ bat., 6ᵉ c. — Hôp. Ste-Barbara, Trèves.
Segand, Jean, blessé, (Loire-Inf.) 3ᵉ de ligne. — Evacué de l'hôpital de Carlsruhe à
    Rastadt.
Simon, Claude, Nᵒ. m. 2068, 78ᵉ de ligne, sergent. — Hôp. mil., Carlsruhe.
Saunier, Pierre, Lyon, 2ᵉ zouaves, caporal. — Evacué de l'Hôp. de Carlsruhe à Rastadt.
Sevrier, Guillaume, Iraserm (Aveyron,) 2ᵉ zouaves. — Hôp. Vieux Séminaire, Carlsruhe.
Schneider, Georges, Strasbourg, 87ᵉ de ligne, catarrhe à l'estomac. — Hôp. de réserve,
    Schweidnitz.
Standt, Henri, Bischwiller, 3ᵉ b., garde mob. — Hôp. Général, Mannheim.
Saison, Jules, (Meurthe), 15ᵉ d'art. — Hôp. Bingen.
Sicard, François, 37ᵉ de ligne. — Hôp. de réserve, Lissa.
Schwartzer, Remy, chasseurs d'Afr., coup de feu au bras gauche. — Evacué de Flei-
    gneux sur Sédan.
Sidou, Jean, Nevers, 4ᵉ d'art., 5ᵉ c. — Evacué de l'Hôp. de Meiningen sur les dépôts.
Schotter, François-Xavier, Ittenheim, 68ᵉ de ligne. — dᵒ
Sarrazin, Albert, 2ᵉ grenad. — Amb. du 3ᵉ corps, Pont-à-Mousson.
Sénéchal, 1ʳ du génie. — 2ᵉ Ambulance du 3ᵉ corps, Toul.
Schætzel, Jean-Bapt. (B.-Rhin), 1ᵉʳ cuirassiers — dᵒ
Seundel, Aug., Senones (Vosges,) 8ᵉ de ligne. —   Evacué de Leipzig sur Dresden.
Soutira, Jean, St-Priest-Ligoure (H.-Vienne,) 29ᵉ de ligne, blessé à la main. — dᵒ
Sibourg, Elie, St-Ferréol, (Drôme,) 1ᵉʳ lanciers.   dᵒ

Schopf, Louis, 53e de ligne, 1er b., 3e c. — Ambulance à Remilly. Evacué.
Sénégal, Adolphe, Cassel, génie, 2e c. — Hôp. de réserve, 1, Francfort-s/M
Simoussin, Jean, 54e de ligne.   do
Schoute, Emile, garde mob. — Hôpital No 1, Mannheim.
Simonet, François, Chevaille, 56e de ligne, 1er b., 5e c., blessé au pied. — Asile
   Eulalie, Châlons-s/M.
Schürer, Fréd., 2e chass. à chev. — Asile des Aliénés, Châlons-s/M
Schwärtzler, Louis, Houssen, 26e de ligne, blessé. — Ambulance, Mingen.
Sivy, Jean, St-Landes, 75e de ligne.   do
Sautenac, Jean-François, Sollande, 6e de ligne, 2e b., 5e c., coup de feu au bras. —
   Ambulance, Offénbach.
Schmidt, Ignace, 57e de ligne. — Hôp , baraq. 1, Berlin.
Schöder, Guillaume, 8e d'artillerie, 4e bat. — Hôp. militaire, Sarrelouis.
Senilhac, Auguste, garde mob., variole.— 12e amb. de la 2e div., à Villeminot.
Sauvel, Charles, 49e ligne.— Evac. d'Oldenbourg sur Lingen.
Seruguet, Stanislas-Ant., 8e art.— Evac. de Sarrelouis sur Darmstadt.
Schmidt, Frédéric-Guillaume, 20e art.— Hop. de Mersebourg.
Schwartz, Georges, 8e art., sergent.—Evacué d'Anclam sur Stettin.
Sabatier, Louis, 67e ligne.   do
Schweitzer, Nicolas, Schalbach, 17e artill., 1re batt.— Hôpit. de réserve, à Hanau.
Sebastiany, Antoine, 96e de ligne.— Hôp. de rés., à Hanau.
Sissorgue, Joseph, Dicasseulle (Aveyron), 48e ligne, 2e bat., 5e comp.— Hôp. de rés. à
   Tilsit.
Schallhauser, Ignace, 2e inf. de mar.— Hôp. civil à Saverne.
Sivas, Pierre, St-Viance, 17e art., 8e batt.— Hôp. de rés. à Hanau.
Simonet, Antoine, 50e ligne.— Hôp. de rés. à Diez.
Soustre, Jean, Casillard, près Caen, 42e ligne.— Hôp. d'étapes à Epernay.
Salaud, Constant, Nantes, 3e ligne.   do
Sonard, Auguste, 8e ligne, 1er bataill., 2e comp.— Manufacture de tabacs, à Nancy.
Savary, Em., Cambrai, 76e ligne.— Hôp. de rés. à Neuwied.
Sylvain, David, 3e génie.— Hôp. de rés. à Rendsbourg.
Sairon, Henri, 11e art, 10e batt.   do
Staffelbach, Joseph, 4e ligne.   do
Sangauer, Léon, 41e ligne.   do
Solidaire, Sabin, 72e ligne.   do
Souveau, Etienne, 41e ligne.   do
Survillier, Claude, 60e ligne.   do
Susanne, Pierre, 2e zouav.   do
Sondot, Ferdinand, 5e drag.   do
Sannautet, Joseph, 29e ligne.   do
Sockei, Henri, 72e ligne.   do
Souiller, François, 57e ligne.   do
Soufflet, Jules, 2e grenadiers de la garde, caporal.— Hôp. de rés. à Rendsbourg.
Simonne, Aug.-Isidore, St-Romphaise, 60e ligne.— Amb. d'étapes à Hamm.
Sollier, Frédéric, 95e ligne, 3e bat., 2e comp.— Evac. de Hannovre sur Blankenberg.
Saffangon, Pierre, 18e ligne, 1er bat., 2e comp.— Evac. de Hannovre sur Blankenberg.
Senac, Jean, 110e ligne, caporal.— 7e Amb. du 6e corps, à Villeneuve-Saint-Georges.
Séchaud, J.-P., 55e ligne, sapeur.— Amb. à Bingerbrück.
Sulterer, Michel, 1er ligne, 1er bataill., 6e comp — Evacué de Bromberg sur Stettin.
Sanier, Alphonse, 41e ligne, 2e bat., 6e comp.— Evacué de Bromberg sur Stettin
Simon, Laurent, 7e ligne.— Hôp. de rés. à Cassel.
Sellier, Amédée, 3e ligne.— Evac. de Francfort sur Mayence.
Schmitt, Jean, Hegenheim, 125e ligne.— Hôpit. de réserve 1, à Francfort-sur-Mein.
Scott, Alexandre, 110e ligne, caporal.— Hôpit. de rés. 1, à Francfort-sur-Mein.
Suzzoni, Jacques, 1er zouaves. — Hôp. à Haguenau.
Sincholle, Pierre, 52e ligne. — Hôp. de rés. à Cassel.
Stephan, Guillaume, 110e ligne. — Hôp. de rés. à Francfort-a/M.
Secourt, Aug., St-Germain, 110e ligne.   do
Sibinde, Edouard, 3e ligne. — Hôp. à Haguenau.
Salab-ben-Ali, 3e turcos. — Evacué de Haguenau sur l'Allemagne.

Sérald, André, 1er zouaves. — Hôp. civ. à Haguenau.
Seillier, Antoine, 26e ligne. — Evacué de Tilsit sur Königsberg.
Schneider, Nicolas, 122e ligne. — Hôp. de bar. 2 à Berlin.
Sérizier, Henri, 95e ligne. — Hôp. mil. à Trèves.
Schatzel, Michel, Ruffach, 59e ligne. do
Serorant, Pierre, 28e ligne. — Amb. d'étapes à Epernay.
Saintin, Charles, Versailles, 3e ligne, blessé à l'épaule. — Asile Eulalie à Châlons-s.M.
Sorel, Joseph, 76e ligne. — Evacué de Lippstadt sur Wesel.
Sibre, Louis, 77e ligne.   do
Sabot, Philibert, St-Chamond (Loire), 64e ligne, 1er b., 1e c. — Hôp. mil. à Nancy.
Savry, Charles-Edm., garde mob., 10e b., lieut. coup de feu à la jambe. — 6e amb. du
    4e c. à Plessis-Bouchard.
Schirting, Charles, Bischwiller, garde mob. — Hôp. mil. à Rastadt.
Senneville, Ph., St-Jean (B.-Rhin), garde mob.   do
Sitter, Antoine, Ensolsheim (B.-Rhin), garde mob.   do
Sugure, Antoine, Orléans, 40e ligne.   do
Surmont, Arsène, Nouans (Sarthe), 12e ligne.   do
Schütz, Fridolin, Messkirch (B.-Rhin), garde mob.   do
Schenck, Charles, Lauterbourg, do   do   do
Schæffer, Eug., Kilstett (B.-Rhin), 76e ligne.   do
Strub, Jeremias, Offendorf do   garde mob.   do
Sallé, Louis, Limoges (H.-Vienne), 64e ligne.   do
Sirault, Alcide, Taizé (Deux-Sèvres), 94e ligne.   do
Schmitt, Jacques, Wangen (B.-Rhin), garde mob.   do
Sibille, Jean, St-Etienne (Vosges), douanier.   do
Siefert, Georges, Erstein (B.-Rhin), do   do
Scherr, Louis, Strasbourg,   do   do
Sib, Sébastien, Ribeauville (H.-Rhin), garde mob.   do
Stamm, Joseph, Memelshoffen (B.-Rhin) do   do
Schæfer, Armand, Altorf.   do   do
Sabatier, Henri, Vaubrun, 67e ligne.   do
Salomon, Jules, garde mob., 122e b. — Hôp. K.-Fr.-Cas., Berlin.
Schammel, Charles-Pierre, Paris, garde mob., 14e b. — Amb. de la garde, Gonesse.
Scaglio, Bernardin, Paris, garde mob., 14e b., officier.   do
Sapé, Henri, 15e ligne. — Hôp. mil., Sarrelouis.
Schmidt, Michel, 7e huss., trompette. do
Savon, 82e ligne. — Evacué d'Oldenbourg sur Lingen.

Taphard, (de), état-major, lieut., coup de feu à la cuisse gauche. — Interné à Dantzig.
Thomas, Paul, Nayron, 77e ligne, blessé au bras et à la jambe. — Hôp. de réserve, à
    Bielefeld.
Thébaut, François, Molac, 26e ligne, 2e b., 1re c., blessé à la jambe.   do
    Bielefeld.
Tissignier, François, Peulporte, 3e ligne, 3e b., 3e c., coup de feu au ventre. — Hôp. de
    rés., Bielefeld.
Trotoux, Louis, 70e ligne.   Evacué de l'hôp. de Cassel sur Lissa.
Tercenin, Jos, Villainous (Meurthe), 15e ligne, 3e b., 6e c. — Hôp. à Nancy.
Trottard, Ep., Paris, 29e ligne, catarrhe de l'estomac. — Hôp. mil., Trèves.
Tilles-Micolle, J.-Fr., St-Mariens, 15e ligne. — Hôp. civ., Trèves.
Thomas, Pierre, Lannoy 54e ligne.   do
Thionlouse, J.-M. St-Sauveur (Loire), 45e ligne. — Evacué de l'hôp. de Carlsruhe sur
    Rastadt.
Treitt, Charles, Strasbourg, 3e ligne. — Hôp. du Vieux-Séminaire à Carlsruhe.
Tobinet, Charles,   do   18e ligne. — Hôp. de rés., Schweidnitz.
Tarnié, Désiré, 16e artil'.-pontonn. — Hôp. de Bingen.
Titzec, Cyprien, 62e ligne, typhus. — Amb. d'étapes à Vitry-le-François.
Tendron, Aug., 100e ligne, capitaine. — Hôp. de rés. à Oppeln.
Tallou, Cyrille, 44e ligne. — Evacué de Wrietzen sur Stettin.

Tirglin, Valentin, Linterbergheim, 18ᵉ ligne, 3ᵉ b., 1ʳᵉ c. — Amb. à Varennes.
Toussé, François, 1ᵉʳ ligne, 3ᵉ b., 6ᵉ c. — Amb. d'étapes à Bingerbrück.
Tison, Henri, Hordain (Nord), 1ᵉʳ train. — Evacué de Leipzig sur Dresden.
Tournasol, Louis, 45ᵉ ligne. — Evacué de Hanovre sur Minden.
Thibaut, 58ᵉ ligne. — Evacué d'Oldenbourg sur Lingen.
Tuizat, Vincent, 7ᵉ d'artill.   dᵒ
Triolet, Adolphe, 88ᵉ ligne.   dᵒ
Theobald, Emile. Verneville, garde mob., 1ᵉʳ b., 3ᵉ c. caporal. — Rapatrié le 26 Nov.
Thiss, Jacques, Wallerange, 1ᵉʳ marine. — Hôp. de rés., Hanau.
Thomas, Aug., St-Denis (Seine), 51ᵉ ligne, 3ᵉ b., 5ᵉ c., blessé à la main dr. — Manuf.
    de tabacs, Nancy.
Tournoux, Emile, 73ᵉ ligne. — Hôp. de rés., Rendsbourg.
Tayrat, Jean, 6ᵉ ligne, caporal.   dᵒ
Tournier, Pierre, 80ᵉ ligne.   dᵒ
Touzet, Julien, 79ᵉ ligne.   dᵒ
Thérouin, Pierre, 62ᵉ ligne.   dᵒ
Thibeault, Pierre, 29ᵉ ligne.   dᵒ
Thiault, François, Viron, 94ᵉ ligne. — Amb. d'étapes, Hamm.
Turrheimer, Antoine, Tollendorf, 8ᵉ artill., 4ᵉ batt. — Hôp. mil , Hamm.
Trey, Jean, Sundhoffen, 7ᵉ ligne. — Amb. d'étapes, Hamm.
Truchet, François, 7ᵉ ligne.   dᵒ
Tangel, Victor, Hattstadt, 1ᵉʳ ligne.   dᵒ
Toulon, Michel, 93ᵉ ligne. — Evacué de Dessau sur Wittenberg.
Thomas, Aug., St-Denis, 51ᵉ ligne, blessé à la main gauche. — Hôpital de réserve,
    Sachsenhausen.
Toussé, François-Jul. 1ᵉʳ ligne. — Evacué de Bingerbrück sur Coblence.
Tantpère, François, 55ᵉ ligne, 3ᵉ b., 3ᵉ c., blessé à la main gauche. — Evacué de Brom-
    berg sur Stettin.
Theppe, Joseph, 45ᵉ ligne, 2ᵉ b., 5ᵉ c., blessé à l'épaule et au bras.— Evacué de Brom-
    berg sur Stettin.
Trambouse, François, 77ᵉ ligne, 2ᵉ b., 3ᵉ c., blessé au bras et à la jambe. — Evacué de
    Bromberg sur Stettin.
Tourner, Désiré, 76ᵉ ligne, 1ᵉʳ b., 1ᵉ c. — Evacué de Bromberg sur Stettin.
Thulgrat, Jean-Marie, 10ᵉ ligne, 3ᵉ b., 3ᵉ c.   dᵒ
Thomas, Auguste, St-Denis, 57ᵉ ligne. — Hôp. de rés., Francfort-a/M.
Taillardat, Jean, Pontgibaud (Puy-de-Dôme), 108ᵉ ligne, 3ᵉ b., 5ᵉ c. — Asile Eulalie,
    Châlons-s/M.
Taffin, Alex., Marseille, 52ᵉ ligne. Asile Eulalie, Châlons-s/M.
Taillefer, Louis, 99ᵉ ligne, serg. — Evacué de Berlin sur Spandau.
Turpine, Jos., Bresle (Ille-et-Vil.), 26ᵉ mob.   dᵒ
Turmel, Armand, Honfleur, 110ᵉ ligne, coup de feu à la main. — Ambul. d'étapes,
    Epernay.
Tissot, Charles, 8ᵉ chass. à chev., caporal, contusion à la cuisse. — Hôtel-Dieu, Châ-
    lons-s/M.
Thebeaux, François, 32ᵉ ligne. — Evacué de Lippstadt sur Wesel.
Thouzey, Alex., 1ᵉʳ garde mob., 3ᵉ c., caporal, blessé à la cuisse. — 6ᵉ amb. du 4ᵉ Corps,
    Plessis-Bouchard.
Temps, Léon, Pont-Ste-Maxence, 16ᵉ d'artill. — Hôp. mil., Rastadt.
Thinlot, Réné, Villaines (Côte-d'Or), garde mob.   dᵒ
Thiebaut, Henri, Paris, 40ᵉ ligne.   dᵒ
Tertre, Pierre, Toulouse, 66ᵉ ligne.   dᵒ
Tugend, Lucas, Alteneckendorf (B.-Rhin), garde mob. dᵒ
Thiront, François, (Cher), 81ᵉ ligne.   dᵒ
Tottmann, Stattmatten (B.-Rhin), garde mob.   dᵒ
Trunk, Philippe, Ekatswiller.   dᵒ   dᵒ
Tröphen, Emile, Cathonais (Vaucluse), 76ᵉ ligne.   dᵒ
Tissot, Eug., 35ᵉ ligne, serg. — Hôp. K.-Fr.-Cas., Berlin.
Taillanter, (le), Jean, 10ᵉ chass. à chev. — Evacué de Sarrelouis sur Darmstadt.
Treneuille, Pierre, 3ᵉ chass. à pied.   dᵒ
Tendre, Charles, 13ᵉ ligne.   dᵒ

Thomas, Jean, 94ᵉ ligne, musicien, — Hôp. mil., Sarrelouis.
Tarite, Jean, 11ᵉ chass.   dᵒ
Tauphars, François, 1ᵉʳ artill.   dᵒ
Toupart, Ferdinand, 1ᵉʳ ligne, sergent.   dᵒ

Unfer, Jacques, 33ᵉ ligne. — Hôp. mil., Sarrelouis.
Urbain, Louis, Fresnes (Nord), 9ᵉ ligne. — Rapatrié de Carlsruhe le 31 Oct.
Ungerer, Martin, Birlebach (B.-Rhin), garde mob.   dᵒ

Viard, Joseph, 33ᵉ ligne. — Évacué de Sarrelouis sur Darmstadt.
Villiers, Charles, 2ᵉ huss.   dᵒ
Vadoux, Alph., 63ᵉ ligne.   dᵒ
Valette, Charles-Victor, Champenoux (Meurthe), douanier. — Hôp. mil., Rastadt.
Vivre, Clément, (Ardennes), 47ᵉ ligne.   dᵒ
Vial, Joseph, Grande-Tronche (Isère), 40ᵉ ligne. dᵒ
Viallard, Jean, (Tarn),   dᵒ   dᵒ
Vieillard, Nicolas, 10ᵉ artill., 10ᵉ batt. — Hôp. mil., Altenbourg.
Vizot, Jean, 94ᵉ ligne, 1ᵉʳ b., 1ʳᵉ c., blessé à la cuisse. — Hôpital de réserve, Bielefeld.
Valgorge, Eugène, 12ᵉ bat. de gardes mobiles, blessé au coude. — Ambulance d'Etapes, Dammartin.
Vincent, Jules, 4ᵉ volt. de la garde. — Hôp., Brême.
Varnerot, François, Commercy, bureaux de l'intendance, caporal. — Hôpital de réserve, Leipzig.
Vandalaine, 14ᵉ ligne. — Hôp. baraq. 2, Berlin.
Vautrin, Jos., 47ᵉ ligne. — Évacué de l'hôp. de Cassel sur Lissa.
Vonderfique, Emile, 90ᵉ ligne, coup de feu au ventre. — Amb. du 8ᵉ corps, Courcelles.
Varnaison, Jos.-Ant., 32ᵉ ligne. — Amb. d'Etapes, St-Mihiel. Guéri.
Vernier, Eugène, machiniste, contusion. — Amb. d'Epernay. Rapatrié le 12 Nov.
Vanderbrugge, Jean, Lille, légion étrangère, 5ᵉ b., 4ᵉ c. — Asile Eulalie, Châlons s/M.
Varpillart, Jos., 10ᵉ chass. à pied, 10ᵉ c., caporal. — Évacué de Mersebourg sur le dépôt de Wittenberg.
Violeux, Jean, Bretignolles, 54ᵉ ligne. — Hôp. mil., Trèves.
Vötzel, Daniel, Bischwiller, 59ᵉ ligne, catarrhe bronch. — Hôp. mil., Trèves.
Vincent, Louis, Nᵒ M. 7011, ? turcos, caporal. — Hôp. de la Turnhalle, Carlsruhe.
Vidau, Jean, (Pyrénées), 73ᵉ ligne. — Hôp. St-Charles, Pont-à-Mousson. Évacué.
Vignot, Gédéon, 3ᵉ chass. — Évacué de l'Ambulance d'Etapes sur Corbeil.
Violette, Victor, Paris, 76ᵉ ligne, fièvre. — Hôp. de réserve, Pfeddersheim.
Verdel, Alexandre, Fontaine, 5ᵉ chasseurs à cheval, lieutenant. — Caserne des pionniers, Darmstadt.
Vergnaud, Noël, 34ᵉ ligne. — Évacué de l'hôp. de Dessau sur Wittenberg.
Vincent, Joseph, 22ᵉ ligne. — Évacué de l'hôp. 2 Berlin sur Spandau.
Vienne, Martin, 72ᵉ ligne. — Hôp. mil., Sarrelouis.
Vernier, Louis-Eugène, 19ᵉ ligne.   dᵒ
Villain, Magloire. 65ᵉ ligne.   dᵒ
Voisin, Paul, 15ᵉ ligne.   dᵒ
Venk, Jean, (B.-Rhin), cuirass. de la garde. — Hôp. de rés., Halle a/S.
Villedieux, Claudius, Le Puy (H.-Loire), 6ᵉ cuirassiers, 3ᵉ esc. — Hôpital de réserve 1, Leipzig.
Vaudran, 8ᵉ ligne, s.-lieut. — Évacué de Berlin sur Magdebourg.
Vogelweidt, François, 84ᵉ ligne, capit.— Hôp. mil., Lunéville.
Vigne, Emile, Braize, 15ᵉ ligne. — Amb , Bingen.
Vabret, Antoine, 100ᵉ ligne, blessé.   dᵒ
Viot, Henri, Paris, garde mob. — Darmstadt.
Vivier, Alfred,   dᵒ   lieutenant, blessé au mollet. — 12ᵉ Amb. du 5ᵉ corps, Versailles.

Vayer, 8e chass. — Évacué d'Oldenbourg sur Emmelen
Varla, Jacques, St-Apollinaire, 17e ligne. — Amb., Étain.
Vaingard, Jean, Turenne, 8e artill., 10e batt. — Hôp. de rés., Hanau.
Vincent, Jules, 4e volt. de la garde, 3e b., 4e c. — Hôp. bar., Brême.
Valet, Paul, 110e ligne, s.-lieut., coup de feu à la cuisse. — 8e Ambulance du 6e
    corps, Ablon.
Vannes, Gustave, 110e ligne, amputé du bras gauche. — 8e Amb. du 6e corps, Ablon.
Vallant, Charles, Fleury (H.-Saône), 11e ligne, blessé. — Ambul. d'Étapes, Epernay.
Vole, Louis, (Ardèche), 82e ligne.   do
Vaurette, Victor, Lille, garde mobile, 14e b., blessé à la main gauche. — Ambulance
    d'Étapes, Epernay.
Vallée, Aug., Mantes, garde mobile, 14e b., sergent, blessé à la cuisse. — Ambulance
    d'Étapes, Epernay.
Vallle, Horace, St-Claude (Jura), 84e ligne, 2e b., 2e c., blessé au bras droit. — Amb.
    d'Étapes, Epernay.
Villandre, Hyacinthe, 70e ligne, sergent. — Hôp. de rés., Rendsbourg.
Vassault, Sylvain, Pallenau, 71e ligne. — Amb. d'Étapes, Hamm.
Vouti, Jean, 110e ligne. — 7e Amb. du 6e corps, Villeneuve-St-Georges.
Vallier, Jean,   do   do
Vollet, François, 95e ligne, caporal. — Évacué de Dessau sur Wittenberg.
Vors, Jean, Paulhac, 8e ligne. — Au dépôt des prison., Leipzig.
Vanier, Émile, 1er artill. — Évacué de Bromberg sur Stettin.
Vicard, Charles, 2e génie ?. — Évacué de Cöslin sur Stettin.
Vendée Alphonse, 57e ligne. Évacué de Francfort a/M sur Mayence.
Vergnaud, Violette, Périgueux, 124e ligne. — Hôp. de rés, Francfort a/M.
Vaitiers, Jacques, Blaisé, 115e ligne.   do
Vaissière, Léon, Paris, 57e ligne, blessé à la main gauche. — Hôp. de rés., Trèves.
Viratelle, Armand, Blois, 5e chass., c. de feu à la jambe.   do
Vanessa, Gustave, Lourquoi (Nord), 110e ligne.   do
Vassent, A., Toussaint (Seine), 16e garde mob.   do
Virlonge, Marie-Jules, (Seine), 1er garde mob, blessé à la main gauche. — 6e Amb. du
    7e corps, Plessis-Bouchard.
Villemain, Pierre, 64e ligne, fracture de la cuisse. — École des Arts, Châlons s/M.
Vaudier, Jean, Pontault (Seine-et-Marne), 35e ligne. — Hôp. mil., Rastadt.
Vigouroux, Jean, (Finistère), 1er artill.   do
Vaudrin, Nicolas, Avindre (Vosges), garde mob.   do
Villaume, Camille, St-Dié   do   do   do
Vincent, J.-B, Wissembach   do   75e ligne.   do
Vallade, Jean, Limoges (H.-Vienne), 98e ligne.   do
Verdier, Etienne, Péridon (Mayenne), 54e ligne.   do
Varoteaux, Alfred, Abormont (Indre), 76e ligne.   do
Vial, Claude, Onzal (Loire),   do   do

Waïdmann, 18e inf., sous-lieutenant, éclat d'obus à la jambe gauche. — Inter. à Danzig.
Wiegel, Simon, Ottrott, 4e de ligne. — Hôp. de réserve, Wolfenbuttel.
Werrer, Bernard, Schelestadt, art. de la garde mob., 9e bat., catarrhe. — Hôp. Général,
    Mannheim.
Waharte, Gustave, Guignicourt, corps inconnu, 7e comp. du dépôt. — Caserne des
    pionniers, Darmstadt.
Wackermann, Jean, 29e de ligne. — Évacué de l'Hôp. de Dessau sur Wittenberg.
Wellin, Isidore, (Isère,) 89e de ligne. — Hôp. de réserve, Halle-a/S.
Woivré, Const.-Bapt., Marug (Ardennes,) 71e de ligne, caporal. — Évacué de Leipzig sur
    Dresden.
Wetzel, Jos. 2e de ligne. — Évacué de Berlin sur Cüstrin.
Weingard, Philippe, 10e de ligne, musique. — Hôp. de réserve, Rendsbourg.
Wilferit, Edmond, 29e de ligne, caporal.   do
Weber, Michel, Lauterbourg, 10e de ligne, sergent. — Hôp. militaire, Hamm.
Wendling, Georges, 56e de ligne. — Évacué de Bromberg sur Stettin.

Wiss, Jules, (Seine), 2ᵉ garde mob., 7ᵉ corps, contusion au genou. — 6ᵉ Amb. du 4ᵉ corps, Plessis-Bouchard.
Weil, Samuel, Stetten (B.-Rhin), garde mob. — Hôp. militaire, Rastadt.
Weil, Jean, Haguenau,   dᵒ   dᵒ
Wernert, Georges, Offenheim, (B. Rh.) dᵒ   dᵒ
Weil, Nathan, Reguisheim, (H. Rh.) dᵒ   dᵒ
Wilhelm, Henri, Urbach, (B. Rh.)   dᵒ   dᵒ
Wendling, Jean, Buxviller.   dᵒ Hôp. des Varioliques, Rastadt.
Wolf, Edouard, Colmar,   dᵒ Hôp. militaire, Radstadt.
Wacker, Jacques, Mulhouse,   dᵒ   dᵒ
Wagner, Xavier, Oberhergheim, (H. Rh.) garde mob. — Hôp. militaire, Radstadt.
Wolf, Frédéric, Strasbourg,   dᵒ   dᵒ
Wolf, Joseph, 33ᵉ de ligne. — Evacué de Sarrelouis sur Darmstadt.
Weiss, Jean, 40ᵉ de ligne. — Hôp. militaire, Sarrelouis.
Werdollich, Antoine, 18ᵉ chass.   dᵒ

Yvan, Alex.-Urb.-Léop., (Seine), garde mob., 1ᵉʳ b., 2ᵉ c., coup de feu à la poitrine. -- 6ᵉ Ambulance du 4ᵉ corps, Plessis-Boucharde.

Zimmer, 3ᵉ chass. à p., capitaine. — Brandlon.
Zugmeyer, Joseph, Hinterfeld, (B. Rhin), garde mob. — Hôp. militaire, Rastadt.

LISTE DE DÉCÈS

Alletic, Joseph, 3° ligne. — Amb. de Trèves.
Ambert, Désiré, 6° ligne, caporal. — Amb. de Trèves.
Abed-ben-Azed, 1er turcos. — Darmstadt, le 19 Août.
Achmet, turcos.   d°   le 3 Septembre.
Auronet, Etienne, 3° marine.   d°   le 3 Octobre.
Ada-Kadel-Bladj, 2° turcos. — Schwetzingen, le 16 Nov.
Antoine, Joseph, St-Dié (Vosges), 40° ligne. — Hôpital des varioliques, Rastadt, le 15 Nov.
Aumont, François, 43° ligne. — Sarrelouis, le 24 Nov.
Aulin, Gilbert, 11° chass., fièvre typh. — Coblence, le 27 Nov.
Auger, Maurice 17° ligne,   d°   — Kalk, le 2 Déc.
Algand, Pierre, Serras (Loire-Inf.), 62° ligne, tuberculose. — Posen, le 30 Nov.
Alpinet, Jean, St-Just (Aveyron), 52° ligne, fièvre typh. — Posen, le 6 Déc.
Aubigny, Nicolas, Graçay (Cher), 11° drag., dyssenterie. — Glogau, le 7 Déc.
Auray, Jean-Marie, 14° artill., phthisie pulmonaire. — Cosel, le 11 Déc.
Aribeau, Jean-Pierre, Chataumard (Bouches-du-Rhône), 28° ligne, dyssenterie. — Glogau, le 16 Déc.
Allemand, Pierre, Savigneux (Ain), 27° ligne, dyssenterie. — Stettin, le 11 Déc.
Alais, Louis, 18° ligne, fièvre typh. — Mayence, le 12 Déc.
Arnaud, Etienne, 1er artill., caporal, fièvre typh. — Mayence, le 12 Déc.
Abrial, Jean-Antoine, Trence (Haute-Loire), 13° artillerie, dyssenterie. — Neisse, le 10 Décembre.
Antin, Emile, 64° ligne, diarrhée. — Coblence, le 2 Déc.
Apihette, Jean-Nicolas, garde mob., fièvre. — Coblence, le 7 Déc.
Airault, Louis, 90° ligne, fièvre typh. — Coblence, le 4 Déc.
Azelard, Alfred, 7° huss.,   d°   — Mayence, le 15 Déc.
Audraut, Jean, 31° ligne.   d°   — Coblence, le 10 Déc.
Antreux, Jean, 82° ligne, phthisie pulmonaire. — Torgau, le 10 Déc.
Aurelly, François, 2° zouaves, dyssenterie. — Mayence, le 19 Déc.
Andreux, Jean, Biramont (Ariége), 82 ligne, phthisie. — Torgau, le 10 Déc.
André, Baptiste, Coulognes (Pyrénées-Orientales), 2° ligne, fièvre typh. — Torgau, le 15 Décembre.
Arnaut, Pierre, Benail (Corrèze), 87° ligne, vérole. — Neisse, le 18 Déc.
Artzner, Charles-Théodore, Strasbourg, 2° ligne, fièvre typh. — Torgau, le 3 Déc.
Aimé,, Eloi-Ferdinand, Bagarne, cant. Soulanges, garde mob., petite vérole. — Glogau, le 23 Déc.
Anglade, François, Ricaud, cant. Castelnaudary, 15° de ligne. — Camp François, le 12 Décembre.
Arbaret, Jean, Langean (H.-Loire,) ouvrier du génie. — Camp François, le 14 Déc.
Autrain, Boniface, Carcassone, 4° marine, péricardite. — Carthausen, le 18 Déc.
Alvint, Théophile, Mauroy (Nord,) 11° dragons, épuisement. — Glatz, le 21 Déc.
Alexandre, Marie, 23° ligne, dyssenterie. — Mayence, le 24 Déc.
Aumaitre, Gabriel, Yviers, (Charente,) 76° ligne, inflamm. des poumons, on le 26 Décembre.
Anglard, Etienne, 63° ligne, fièvre typh. — Mayence, le 26 Déc.
Ajoux, Claude-Benoît, inflamm. des poumons. — Mayence, le 27 Déc.
Agostini, Pierre, 11° dragons, dyssenterie. — Cosel, le 27 Déc.
Aubert, François, 28° ligne, inflamm. des poumons. — Cosel, le 27 Déc.

Allard, Alexandre, Lille, 47e ligne, sergent, fièvre typh. — Posen, le 25 Déc.
Aure, Jean, (Rhône,) 3e garde imp., dyssenterie. — Neisse, le 26 Déc.
Ayelle, Jean, Béligneux (Loire), guides, fièvre typh. — Neisse, le 25 Déc.
Aufret, Emile, Plougras (Côtes-du-Nord,) 7e ligne, pet.-vér. — Stettin, le 27 Déc.
Alum, Jean, 2e ligne, fièvre typh., — Torgau, le 26 Déc.
Alexandre, Jules, Lille, 1er train d'artill. — Wesel, le 22 Déc.
Alogède, Bapt., 31e ligne. — Mayence, le 31 Déc.
Amed-Ben-Soliman, 3e turcos, blessé. — Mayence, le 31 Déc.
Alnin, Jean, Issigeac (Dordogne,) 2e ligne, fièvre typh. — Torgau, le 26 Déc.
Acquier, Jean-Pierre, St-Salvador (Aveyron), 23e ligne, fièvre typh. — Torgau, le 26 Décembre.
Adam, Jules, 47e ligne, catarrhe pulmonaire. — Minden, le 8 Déc.
Alligier, Toussaint, 4e ligne, fièvre gastr. — Minden, le 11 Déc.
Allegrini, François, 59e ligne, sergent, pneumonie. — Minden, le 27 Déc.
Achard, Alfred, 57e ligne, pet.-vér. — Mayence, le 30 Déc.

Bertrand, Quentin, 10e ligne, typhus. — Boulay, le 10 Nov.
Bartolin, François, 63e ligne. — Berlin, le 20 Nov.
Bichet, Edouard, 44e ligne. — Trèves, en Novembre.
Brière, Jules, 93e ligne.   do
Billet, Ad.-Ferd., 48e ligne.   do
Boillot, Alex., 15e ligne.   do
Blattrie, François, 29e ligne.   do
Bochereuil, Victor, 6e ligne.   do
Bernard, Joseph, 10e ligne.   do
Bonnot, Louis, 3e chass. à ch.   do
Blum, Jacob, Oberbronn, 1er dragons, brigadier, pneumonie. — Marienbourg, le 1er Décembre.
Burel, Louis, Coullemelle, 30e ligne, capitaine, coup de feu à la poitrine — St-Mihiel, le 10 Août.
Bormann, Charles, Dorberschau, 7e ligne, 2e b. — Darmstadt, le 25 Sept.
Boustoure, Pierre, Mazeray, 77e ligne.   do   le 3 Sept.
Bruguerolles, Charles, Lyon, 3e zouaves, capit.   do   le 12 Août.
. Barberesse, François, 45e ligne. — Oldenbourg, Décembre.
Bachelot, Aristide, 68e ligne. — Cassel, le 28 Nov.
Brudermann, Pierre, Dormbach, 96e ligne. — Hanau, le 6 Nov.
Bigot, Henri, (Calvados), 74e ligne, caporal. — Mannheim, le 11 Déc.
Berg, Aloys, Neuhof, garde mob. — Rastadt, le 18 Nov.
Beaufils ou Beaufest, Arthur-Joseph, 1er grenadiers de la garde, caporal. — Berlin, le 26 Nov.
Böhler, André, Paris-Montmartre, 28e de marche, coup de feu au ventre. — Gonesse, le 3 Nov.
Beaumet, Charles, Anierville (Meuse), 1er train d'artillerie, fièvre typhoïde. — Wesel, le 6 Déc.
Bagolot, Eugène, Biencourt (Meuse), garde mobile, petite vérole. — Wesel, le 8 Décembre.
Bauret, Victor, 23e ligne, variole. — Torgau, le 8 Nov.
Bezot, Armand, 1er chass., phthisie. — Torgau, le 8 Nov.
Beaufils, Charles, 82e ligne, pet. vér. — Torgau, le 9 Nov.
Boudry, Jean Baptiste, 23e ligne, dyssent. — Torgau, le 9 Nov.
Bourillon, Louis, Bonneval (Eure-et-Loir), 8e ligne, fièvre typhoïde. — Neisse, le 9 Décembre.
Barth, Georges, 9e ligne, fièvre typh. — Cologne, le 30 Nov.
Billet, Antoine, 19e ligne,   do   do   2 Décembre.
Babut, Pierre, 31e ligne, phthisie. — Kalk, le 27 Nov.
Bouffechoux, Charles, 90e ligne, fièvre typh. — Kalk, le 28 Nov.
Boëssillot, Pierre, 37e ligne, capor.,   do   do
Blanchard, Elie-Joseph, (Nord), 1er train d'art., fièvre typh. — Posen, le 5 Déc.

Bonneau, Jean-Bapt., (Allier), 57e ligne, épuisement. — Wesel, le 4 Déc.

Boiselle, Charles, 26e ligne, serg.-fourr., fièvre typh. — Erfurt, le 7 Déc.

Breuil, Étienne, 5e chasseurs à cheval, sergent-major, petite vérole. — Wittenberg, le 7 Décembre.

Benet, Joseph, 4e ligne, fièvre typh. — Mayence, le 7 Déc.

Bomieux, Charles, 59e ligne, pet. vér. — Mayence, le 8 Déc.

Billeton, Félix, Saint-Marne (Marne), 80e ligne, fièvre typhoïde. — Torgau, le 30 Novembre.

Ballot, Jean-Marie, Paris, garde mobile, caporal, fièvre typhoïde. — Torgau, le 30 Novembre.

Buttinger, Julien, garde mob., fièv. typh. — Torgau, 2 Déc.

Becoul, Joseph, Fraillou (Haute-Savoie), 55e ligne, caporal, fièvre typh. — Torgau, 5 Déc.

Bourgeois, Clovis-Octave, Landousy-la-Ville (Aisne), 5e artill., fièvre typh. — Torgau, 7 Déc.

Bauret, Victor, Francheville (Haute-Savoie), 23e ligne, fièv. typh. — Torgau, 8 Déc.

Bezot, Armand, Saint-Symphorien (Orne), 1er chass., phthisie. do

Brucette, Pierre, Moujeau (Maine-et-Loire), 66e ligne, do Torgau, 9 Déc.

Beaufils, Charles, Vierzon (Cher), 82e ligne, do do

Baudry, Jean-Baptiste, Saint-Cornier-des-Landes (Orne), 23e ligne, phthisie. — Torgau, 9 Déc.

Baleriaux, Jean, garde mob., fièv. typh. — Mayence, 10 Déc.

Bruens, Etienne, 67e ligne, do do

Bertrand, Jules, Isaincourt (Meurthe), garde mob., fièv. typh. — Glogau, 12 Déc.

Brunet, Jules, 45e ligne, fièv. typh. — Glogau, 12 Déc.

Bosch, Pierre-Henri, 69e ligne, fièv. typh. — Erfurt, 8 Déc.

Besson, Antoine, Jougieux (Savoie), 2e zouaves, pet. vérole. — Glogau, 12 Déc.

Boudrehenc, Joseph-Marie, Lougarot (Côtes-du-Nord), 68e ligne, pet. vérole. — Glogau, 15 Déc.

Blancard, Paul, Saumur, 20e ligne, pet. vérole. — Glogau, 17 Déc.

Béton, François, Rives, (Isère), 54e ligne, fièv. typh. — Glatz, 14 Déc.

Buchini, Edouard, 64e ligne, fièv. typh. — Glatz, 15 Déc.

Bouche, Louis, 23e ligne, do Erfurt, 14 Déc.

Borelli, Joseph, Esberon (Basses-Alpes), 4e ligne, dyssent. — Glogau, 15 Déc.

Blesset, François, Salins (Jura), 16e art., fièv. gast. — Stettin, 8 Déc.

Broger, Claude, 27e ligne, apoplexie. — Stettin, 11 Déc.

Bouché, Désiré, St-Ay (Loire), 60e ligne, phthisie. — Neisse, 13 Déc.

Baudon, Pierre, Précy (Yonne), 3e garde imp., fièv. typh. — Neisse, 12 Déc.

Bellière, Joseph, 67e ligne, fièv. typh. — Mayence, 13 Déc.

Bonvabel, Auguste, 66e ligne, phthisie. — Mayence, 12 Déc.

Bougron, Jean, do fièv. typh. do

Bouchet, Auguste, 67e ligne, do do

Barbe, Thomas, (Ariége), 15e ligne, fièv. typh. — Glatz, 14 Déc.

Barbier, Joseph, Boissein (Isère), 54e ligne, fièv. typh. — Glatz, 13 Déc.

Bessa, Docile, 3e cuirassiers, fièv. typh. — Erfurt, 11 Déc.

Bertrand, Edouard-Nicolas, garde mob., dyssent. — Coblence, 2 Déc.

Boura, Jean-Baptiste, 1er ligne, do do 3 Déc.

Batillot, Philogéne-Artus, 15e ligne, fièvre. — do do

Beaulieu, Jean, 65e ligne, dyssent. — Coblence, 7 Déc.

Blonce, Charles, 19e lig., do do 8 Déc.

Bisquay, Antoine, 64e lig., do do 9 Déc.

Betoul, Henri, Carlux (Dordogne), 5e ligne, fièv. typh. — Carthausen, 1er Déc.

Blanquart, Joseph, Roquefort (Alpes-Maritimes), 20e art., fièvre typh. — Carthausen, 3 Déc.

Boulay, Jean-Baptiste, Gennes (Mayenne), 14e ligne, fièvre typh. — Carthausen, 3 Déc.

Baconnais, Pierre, Saint-Péraré (Loire-Inférieure), 9e cuirass., fièv. typh. — Carthausen, 7 Déc.

Brocard, Pierre-Etienne, Cramieu, cant. Villers-Farlay (Jura), 12e art., fièv. typh. — Carthausen, 8 Déc.

Boulone, Julien, 65e ligne, dyssent.— Coblence, 1er Déc.
Beligand, Antoine, 91e ligne, fiév. typh.— Coblence, 6 Déc.
Bizot, Jean, 41e ligne, petite vérole. — Coblence, le 9 Déc.
Brievy, Arthur, 1er art.,   d°   d°   10 Déc.
Bayet, Charles, 15e ligne, dyssent.   d°   10 Déc.
Bouvet, Joseph, 2e zouaves, fièvre typh. — Mayence, le 15 Déc.
Balmer, Philippe, 24e ligne, dyssent. — Mayence, le 16 Déc.
Boissière, Emile, garde mob., petite vér.   d°
Betoulle, Alexandre, Montargis (Loirét), 61e ligne, dyssent. — Posen, le 13 Déc.
Barbu, Blaise, Tantalon (Dordogne), 14e artill., phthisie. — Posen, le 14 Déc.
Balluret, Jean, (Charente), 75e ligne, fièvre typh. — Wesel, le 11 Déc.
Bergeon, Juste-Elie, Lac au Villers (Doubs), 7e hussards, fièvre typhoïde. — Wesel,
  le 15 Décembre.
Beaudouin, Joseph-Victor, St-Martin-du-Limet (Mayenne), 54e ligne, dyssent. — Wesel,
  le 15 Décembre.
Bedfert, Jean, 3e voltig., fièvre typh. — Mayence, le 16 Déc.
Broch, Joseph, 2e ligne, phthisie.   d°   17 Déc.
Bosson, Jean, 47e ligne, maladie du cœur. d°   17 Déc.
Billard, Alphonse, 11e ligne, fièvre typh. — Erfurt, le 15 Déc.
Becker ou Biquer, Jean-Pierre, 5e artill., phthisie. — Erfurt, le 15 Déc.
Boit, Pierre, 55e ligne, fièvre typh. — Erfurt, le 16 Déc.
Blanchet, Edouard, Morinous (Yonne), 20e chasseurs, petite vérole. — Glogau, le
  19 Décembre.
Betaillot, Auguste, 4e chass., catarr. intestinal. — Wittenberg, le 10 Déc.
Bommartel, Jean-Valentin, 41e ligne, phthisie. — Kalk, le 8 Déc.
Brun, Claude-François, 12e ligne, capor., phthisie. — Coblence, le 9 Déc.
Buscoz, Joseph, 9e ligne, fièvre typh. — Coblence, le 10 Déc.
Boiteux, Claude, 35e ligne, petite vér. — Erfurt, le 16 Déc.
Besse, Jean, 15e ligne, capor., catarr. intestinal. — Cosel, le 18 Déc.
Berryer, Jacques, Core (Vienne), 43e ligne, petite vér. — Wesel, le 16 Déc.
Bonebucq, Jean, Ambentin (Basses-Pyrénées), 80e ligne, fièvre typhoïde. — Wesel, le
  16 Décembre.
Boiscile, Hippolyte, Ambrulais (Ille-et-Vilaine), 49e ligne, dyssenterie. — Wesel, le
  18 Décembre.
Bayet, Claude, 23e ligne, serg.-fourr., fièvre typh. — Torgau, le 10 Déc.
Boucher, Clovis, 12e drag., phthisie.   d°   15 Déc.
Biarmais, Jean, 87e ligne, petite vér.   d°   16 Déc.
Bozon, Marie-Constantin, 27e ligne, pet. vér.   d°   17 Déc.
Blondet, Claude, 23e ligne, pet. vér.   d°   17 Déc.
Barthélemy, François, Pluge (Sarthe), 3e génie, fièvre typh. — Torgau, le 12 Déc.
Bourdet, Jean, 2e ligne,   d°   d°   12 Déc.
Boucher, Clov., Consé (Somme), 12e drag.,   d°   d°   15 Déc.
Bearnais, Jean, Broie (Loire), 12e chass., d°   d°   19 Déc.
Brisson, Adolphe, Aux Roises (Meuse), 1er marine, caporal, dyssenterie. — Glogau,
  le 21 Décembre.
Bachelet, G., Saint-Pierre (Seine-Inférieure), 3e gardes, fièvre typhoïde. — Neisse, le
  20 Décembre.
Bernard, Pierre, 41e ligne, pet.-vér. — Mayence, le 24 Déc.
Bernard, Auguste, 3e chass. à p. fièvre typh. — Erfurt, le 23 Déc.
Boucher, Jean, 11e ligne, fièvre typh. — Erfurt, le 22 Déc.
Bauer, Joseph, 16e artill., paralysie des poumons. — Cosel, le 23 Déc.
Boussemard, Célestin, 15e ligne, fièvre typh. — Mayence, le 22 Déc.
Bouchert, Hubert, Saingeron (Seine-et-Oise), chasseurs à pied. — Camp Français, le
  12 Déc.
Bégeot, François, Ronchamp, cant. Champagny (H.-Savoie,) 91e ligne. — Camp Français,
  le 16 Décembre.
Bellet, Joseph, Nevache, cant. Briançon, (H.-Alpes), 15e ligne. — Camp Français, le
  16 Décembre.
Bagand, Ferréol., Ronbois, cant. Ysernon (Ain), 1er zouaves, fièvre typh. — Carthausen,
  le 13 Déc.

Ballieul, Aimé-Jean-Chéri, Laforet-Auvray, Putanges (Orne,) 5e artill., artificier, fièvre typh. — Carthause, le 15 Déc.

Brun, Marie-Victor, Mardore, cant. Thisy (Rhône,) 78e ligne, caporal, fièvre typh. — Carthause, le 16 Déc.

Brun, François, Bréry, cant. Sellières (Jura,) 18e ligne, fièvre typh. — Carthausen, le 16 Décembre.

Bourlés, Alexis, Bodilis, cant. Landivisiau (Finistère,) 11e chass. à ch., fièvre typh. — Carthausen, le 18 Décembre.

Bannassiolle, Jean-Albert, Mifaget, cant. Arudy, (B.-Pyr.,) 14e ligne, fièvre typh. — Carthause, le 19 Décembre.

Briant, Marc, Flouagat (Côtes-du-Nord,) 70e ligne, paralysie du cerveau. — Neisse le 23 Décembre.

Bazand, Pierre, 90e ligne, fièvre typh. — Spandau, le 25 Déc.

Buiret, Pierre, 8e artill., dyssenterie. — Spandau, le 27 Déc.

Brousle, Jean, 2e voltigeurs de la garde, pet.-vér. — Mayence, le 24 Déc.

Brunard, Jean, 84e ligne, fièvre typh. — Mayence, le 25 Déc.

Bounot, Jean, 52e ligne, pet. vér.   do

Baroche, Prosper, La Chapelle (Orne), 19e ligne, dyssent. — Stettin, le 21 Déc.

Bérnard, Prosper, Calleigne (Aude), 5e ligne, pneumonie. — Stettin, le 23 Déc.

Brenil, Henri, 1er ligne, dyssent. — Mayence, le 5 Déc.

Bregy, Jean, garde mob., fièvre typh. — Mayence, le 26 Déc.

Brugneau, Jean,   do

Blateau, Alph., 2e ligne, pet. vér.   do

Besson, Jean, 28e ligne,   do   — Mayence, le 27 Déc.

Bouquet, Jean, 2e lanc., fièvre typh.   do   27 Déc.

Bollet, Claude, fièvre typh.   do   28 Déc.

Berson, Alph., 66e ligne, pet. vér. — Danzig, le 26 Déc.

Basset, Auguste, Emaneville (Seine-Inférieure), garde nationale, pneumonie. — Glatz, le 24 Décembre.

Bernard, Julien, Cuverville   do   do   petite vér. — Glatz, le 25 Décembre.

Borel, Saül, 45e ligne, phthisie. — Erfurt, le 23 Déc.

Bachelot, Théodore-François, 14e chass., pneumonie. — Glogau, le 29 Déc.

Bredel, Pierre, Anglesqueville (Seine-Inférieure), garde nationale, petite vér. — Glatz, le 28 Décembre.

Béna, Jean-Baptiste, Saint-Quirin (Meurthe), 75e ligne, dyssenterie. — Posen, le 21 Décembre.

Barreau, François, Curzon (Vendée), 75e ligne, dyssent. — Posen, le 21 Déc.

Brillar, Jean, Ouvroule (Tarn), garde mob., pneumonie. — Posen, le 25 Déc.

Benard, Blaise, Lapiteur (Eure-et-Loir), 8e ligne, fièvre typhoïde. — Neisse, le 26 Décembre.

Bernard, Alfred, Loulay (Charente-Inférieure), 11e dragons, fièvre typhoïde. — Neisse, le 24 Décembre.

Bourcelot, Jules, Aubonne (Doubs), 8e ligne, tuberculose. — Neisse, le 24 Déc.

Briau, Alexis, Lassard (Sarthe), 96e ligne, caporal, fièvre typhoïde. — Glogau, le 31 Décembre.

Bry, Jean, Saint-Germain-Laval (Loire), 1er lanciers, fièvre typhoïde. — Posen, le 29 Décembre.

Bolmont, Joseph, Remiremont (Vosges), 6e ligne, dyssenterie. — Posen, le 29 Décembre.

Beaudoin, Baptiste, Faucey (Ille-et-Vilaine), 75e ligne, fièvre typhoïde. — Posen, le 30 Déc.

Buffet, Louis, Bontar (Ain), 3e dragons, maréchal-des-logis, petite vérole. — Posen, le 29 Décembre.

Brunet, Alexandre, Garnage (Creuse), 79 ligne, fièvre scarlatine. — Stettin, le 29 Décembre.

Balzer, Georges, 5e artill., paralysie des poumons. — Torgau, le 24 Déc.

Brossard, Pierre, 2e ligne, pet. vér. — Torgau, le 25 Déc.

Blanc, Pierre, Salvetat (Tarn-et-Garonne), 55e ligne, paralysie des poumons. — Torgau, le 27 Déc.

Bardin, Jean, Mornay-Berry (Cher) 114e ligne, petite vérole. — Kœnigsberg, le 26 Décembre.

Beziau, Auguste-Florent, Villerigue, cant. d'Aigrefeuille (Loire-Inf.), 81e ligne, épuisement. — Kœnigsberg, le 26 Déc.

Bosc, Saint-Sulpice (H.-Garon.), 13e ligne, fièvre typh. — Wesel, le 22 Déc.

Brigand, Ferdinand, Montigny-sur-Aube (Côtes-d'Or), 13e ligne, fièvre typh. — Wesel, le 24 Décembre.

Bonne, Victor, Béthune (Pas-de-Calais), 33e ligne, vérole. — Wesel, le 25 Déc.

Boivieuse, Louis, 38e ligne, bless. par balle. — Cologne, 26 Déc.

Bourdin, Hubert, 9e ligne, phthisie. — Kalk, le 17 Déc.

Barthélemy, Jean-Bapt., 19e ligne, caporal, fièvre typh. — Kalk, le 17 Déc.

Barbe, Jean-Marie, 9e ligne, fièvre typh. — Kalk, le 25 Déc.

Baylit, Antoine, 3e voltigeurs de la garde, caporal, blessure par balle. — Mayence, le 3 Décembre.

Baffart, Ferdinand, St-Pierre-Chartreuse (Isère), 2e ligne, sergent, pet. vér. — Torgau, le 20 Décembre.

Barrat, Pierre, Lacourt (Ariége), 2e ligne, paralysie du cœur. — Torgau, le 20 Décembre.

Busonnet, François, Favry (Allier), 56e ligne, petite vérole. — Torgau, le 21 Déc.

Bontonnet, François, Limicrant (Aveyron), 55e ligne, paralysie des poumons. — Torgau, le 22 Décembre.

Baffre, François, Seraillet (Aveyron), 32e ligne, petite vérole. — Torgau, le 23 Déc.

Bau, Franç., St-Jean, 12e drag., phthisie.   do

Balzer, Georges, Weiterswiller (B.-Rhin), 5e artill., paralysé des poumons. — Torgau, le 24 Déc.

Brossard, Pierre, Broirang (Haute-Garonne), 2e ligne, fièvre typhoïde. — Torgau, le 25 Décembre.

Balève, François, Guevette (Seine-et-Oise), 2e ligne, fièvre typhoïde. — Torgau, le 26 Décembre.

Brossier, Pierre, Herbautz (Loir-et-Cher), 12e dragons, fièvre typhoïde. — Torgau, le 28 Décembre.

Braillon, Jean-Claude, 2e ligne, fièvre typh. — Torgau, le 29 Déc.

Bienaimé, Pierre-Charles-Modeste, 21e ligne, serg.-major, fièvre scarlatine. — Spandau, le 1er Janvier.

Bardon, Franç., 83e ligne, fièvre typh. — Erfurt, 29 Déc.

Boinet, Louis, 7e chas., catarr. pulmon. — Minden, le 8 Déc.

Barthélemy, B., 72e ligne, dyssent.   do   14 Déc.

Bapte, Jean, 41e ligne, hémorrhagie   do   22 Déc.

Brahay, Marie-Louis, 57e ligne, dyssent. — Mayence, le 30 Déc.

Buisson, Jean, 72e ligne, fièvre typh.   do   le 30 Déc.

Bayard, Arthur,   do   do   le 31 Déc.

Bouteloup, Bapt., chass. de la g., dyssent.   do   le 30 Déc.

Crozet, Marius, 73e ligne, caporal. — Boulay, le 5 Nov.

Chavaron, 9e sect. d'ouvr., typhus. — Boulay, 6 Nov.

Cassel, Joseph, 11e ligne. — Trèves, en Novembre.

Calmette, 100e ligne.   do

Crétignon, Christ, 10e cuirass.   do

Champenois, Br., 12e ligne.   do

Chasseaux (de) Hipp., Charmois (Vosges), 75e ligne, blessé à la main droite. — Nancy, le 19 Nov.

Casparero, Antoine, Nice, garibaldien. — Dijon, le 28 Nov.

Charpentier, Paul, 94e ligne. — Pont-à-Mousson, le 2 Déc.

Chamois, Edouard, St-Nicolas, 61e ligne. — St-Mihiel, le 19 Oct.

Charignon, François, 98e ligne, coup de feu aux reins. — Pont-à-Mousson, 29 Nov.

Claude, Nicolas, Saillenard, 66e ligne. — Forbach, le 22 Nov.

Cotancien, Jean, St-Barthélemy, 2e chass. à pied. — Naumbourg, le 21 Nov.

Chopradt, Lucien, 2e zouaves. — Carlsruhe, le 24 Nov.

Coreger, Paul, Mauléon (Haute-Vienne), 50e ligne, blessé à l'épaule. — Mannheim, le 10 Déc.
Commun, Alex., 13e ligne, 1er b., 3e c. — Berlin, le 16 Nov.
Castagnet, Paul, Bordeaux, 28e de marche. — Gonesse, en Nov.
Colin, Joseph, St-Sauveur (Landes), 23e ligne. — Pasewalk. le 21 Nov.
Charrès, Jean, Chitains (Allier), 12e ligne, petite vér. — Wesel, le 8 Déc.
Cherug, Louis-Pierre-Edouard, 17e artill., fièvre nerveuse. — Cosel, le 9 Déc.
Chaverot, Jean-Benoit, 1er train d'art., fièvre typh. — Cologne, le 25 Nov.
Carbonel, Polydore, 20e ligne, dyssent. — Cologne, le 3 Déc.
Cuny, Jean, 40e ligne, dyssenterie. — Cologne le 7 Déc.
Cussey, Adolphe, 16e chass., phthisie. — Kalk, le 27 Nov.
Chaplie, Léonard, 47e ligne, dyssenterie.   do le 5 Déc.
Collet, François-Appolinaire, 15e artill., fièvre typh. — Kalk, le 5 Déc.
Cassagnes, Jean, 95e ligne,   do   do le 6 Déc.
Caband, Pierre, Lussac (Gironde), 52e ligne, fièvre typh. — Posen, le 4 Déc.
Corvez, François, Morlaix (Côtes-du-Nord), 43e ligne, dyssenterie. — Posen, le 8 Déc.
Cholet, Antoine, St-Denis (Charente-Inférieure), ouvrier d'administration, fièvre typh. — Posen, le 8 Déc.
Chausse, Sébastien, St-Romain-la-Chalm (Haute-Loire), 55e ligne, fièvre typhoïde. — Torgau, le 30 Nov.
Chabrillac, Auguste, Caen, 12e dragons, fièvre typh. — Torgau, le 1er Déc.
Colin, Jules, Corviller (Meurthe), garde mobile, phthisie. — Glogau, le 14 Déc.
Chaumien, Claude-Guillaume, 91e ligne, fièvre typh. — Coblence, le 30 Nov.
Cerneau, Thomas, 15e ligne, dyssenterie. — Coblence, le 6 Nov.
Crombez, Jacques-Adrien, 26e ligne, phthisie.   do le 5 Nov.
Chambon, Antoine, Blassac (Haute-Loire), 3e ligne, fièvre typhoïde. — Carthausen, le 6 Déc.
Cheval, Emile, 44e ligne, fièvre typh. — Danzig, le 12 Déc.
Chevallier, Pierre, Chevanceaux (Charente), 3e train, dyssenterie. — Neisse, le 10 Déc.
Chavard, Arsène, 2e voltigeurs, fièvre typh. — Mayence, le 12 Déc.
Charret, Claude, 4e marine,   do   do le 12 Déc.
Choin, Bastian, 65e ligne, petite vérole.   do le 14 Déc.
Candiard, Charles, Cheilly (Saône-et-Loire), 6e chasseurs, caporal, fièvre typh. — Neisse, le 12 Déc.
Cadoul, Jules, Salles-les-Sources, 1er génie, fièvre typh. — Stettin, le 10 Déc.
Castagnie, Paulin, Villeneuvette (Hérault), 14e chasseurs, petite vérole. — Glogau le 13 Déc.
Charnot, François, La Chaize (Vendée), 54e ligne, petite vérole. — Glatz, le 20 Déc.
Cabaut, François, Rieux-Prevon (Ariége), lanciers de la garde, fièvre typh. — Neisse, le 17 Déc.
Cabiro, Jean, Boulogne (Haute-Garonne), 8e ligne, caporal, fièvre typhoïde. — Neisse, le 16 Déc.
Chavau, Hip., garde mobile, petite vérole. — Mayence, le 19 Déc.
Chinder, François, 5e artill., phthisie.   do le 20 Déc.
Coulon, Alexandre, Poulaines (Indre), 12e dragons. — Torgau, le 10 Déc.
Cassequet, Pluye (Sarthe), 100e ligne, fièvre typh.   do le 12 Déc.
Cambon, Jacques, Moissac (Garonne), 55e ligne, fièvre typhoïde. — Torgau, le 13 Déc.
Coll, Jean, Broye (Eure-et-Loir), 2e ligne, fièvre typh. — Torgau, le 13 Déc.
Commard, Joseph, Saffres (Côte-d'Or), 23e ligne, fièvre typhoïde. — Torgau, le 14 Déc.
Calair, Pierre, Cosme (Aube), 55e ligne, fièvre typh. — Torgau, le 19 Déc.
Canger, Emile, 15 chass., caporal,   do Danzig, le 17 Déc.
Cuilleret, Eugène, Cette (Hérault), 60e ligne, sergent, apoplexie. — Thorn, le 19 Déc.
Coden, Jean, 49e ligne, fièvre typh. — Mayence, le 17 Déc.
Campagnat, Claude, La Chapelle (Allier), 24e ligne, tuberculose. — Wesel, le 15 Déc.
Chapelle, Jean, Guignay (Lot), 95e ligne, fièvre typhoïde. — Stettin, le 13 Déc.
Chambrion, Lazare, St-Symphorien (Saône-et-Loire), 69e ligne, pneumonie. — Stettin, le 12 Déc.

Cornille, Augustin, 84e ligne, fièvre typh. — Mayence, le 15 Déc.
Chalet, Antoine, 7e ligne,   do   Kalk, le 8 Déc.
Cornillon, Jacques, 78e ligne, paralysie.   do le 11 Déc.
Curt, Jean-Marie, 1er artill., dyssenterie. — Cologne, le 9 Déc.
Charbonnier, Michel, 90e ligne, dyssent. — Cologne, le 10 Déc.
Cascail, Pierre, 77e ligne, fièvre typh. — Erfurt, le 17 Déc.
Choulot, François-Xavier, 6e cuirassiers, maréchal-des-logis, fièvre typh. — Erfurt, le 18 Décembre.
Charlué, Sylvestre, Carhuccia (Corse), garde mobile, fièvre typhoïde. — Stettin, le 16 Décembre.
Cadio, Joseph, Credin (Morbihan), 85e ligne, fièvre typh. — Wesel, le 11 Décembre.
Colombet, César, Anorz (Nord), 6e ligne, dyssent.   do   13 Déc.
Chefdeville, Alexandre-Tranquille, Bazenville (Calvados), 85e ligne, dyssent. — Wesel, le 14 Décembre.
Chauvigne, Michel-René, Louerre (Maine-et-Loire), 1er train d'artill., dyssenterie. — Wesel, le 15 Déc.
Caluhau, Michel, Cellefrouin (Charente), 5e ligne, petite vérole. — Wesel, le 17 Décembre.
Couton, Alexandre, 12e drag., asthme. — Torgau, le 10 Déc.
Chasseguet, Adolphe, 100e ligne, fièvre typ.   do   12
Cambon, Jacques, 55e ligne, phthisie.   do   13
Coll, Jean, 2e ligne, petite vér.   do   13
Commard, Joseph, 23e ligne, petite vér.   do   14
Chaineau, Jacques, 55e ligne, phthisie.   do   16
Calais, Pierre, 1er ligne, dyssent.   do   16
Crampon, Alf., 85e ligne, paral. du cerveau.   do   18
Carré, Jean, tiraill. algériens, petite vér. — Königsberg, le 21 Déc.
Cordebar, Valentin, garde mob., sous-lieut., vérole. — Königsberg, le 12 Déc.
Charton, Henry,   do   petite vér. — Mayence, le 22 Déc.
Carpentier, Alexandre, Saint-Pierre, 96e ligne, caporal, laryngite. — Glogau, le 21 Décembre.
Collot, Eugène, Forestières (Marne), 15e ligne. — Camp François, le 15 Déc.
Cazeaux, Pierre, Saint-Médard, cant. d'Orthez (Basses-Pyrénées), 15e ligne. — Camp François, le 16 Déc.
Chapot, Jean, Pontoure, cant. de Pougnon (Finistère), 91e ligne, tambour. — Camp François, le 17 Déc.
Collin, Louis, 75e ligne, fièvre typh. — Coblence, le 13 Déc.
Caillat, Antoine, Grenoble, 5e artillerie, maréchal-des-logis, fièvre typh. — Carthausen, le 12 Décembre.
Cerbe, Pierre, Moussac, cant. d'Asprières (Aveyron), 2e lanc., fièvre typh.— Carthausen, le 13 Déc.
Cugnère, Achille, Thiécourt, cant. de Lessigney (Oise), 56e ligne, pneumonie. — Carthausen, le 15 Déc.
Christin, François, Souclin, cant. de Lagnieu (Ain), 5e artill., fièvre typh.— Carthausen, le 16 Déc.
Chesney, Louis, St-Florent-la-Vieille (Maine-et-Loire), 91e ligne, fièvre typh. — Carthausen, le 17 Déc.
Chantrot, Jacques, Lathus, cant. de Montmorillon (Vienne), 6e lanc., fièvre typh. — Carthausen, le 17 Déc.
Catelan, Jean-Franç., St-Bonnet-le-Troncy, cant. de La Mure (Rhône), 79e ligne, fièvre typh. — Carthausen, le 18 Déc.
Couderc, Narcisse, 67e ligne, fièvre typh. — Erfurt, le 20 Déc.
Camdeséasse, Pierre, Prihat (Gironde), 72e ligne, dyssenterie. — Neisse, le 22 Déc.
Cherron, Saturnin, Coulomiers (Loir-et-Cher), 8e ligne, fièvre typhoïde. — Neisse, le 20 Décembre.
Chevalier, Louis, garde mob., pneumonie. — Torgau, le 22 Décembre.
Cause, Charles, 55e ligne, épuisement.   do   23   do
Clauzel, Casimir, 96e ligne, petite-vérole.   do   23   do
Cabanne, J., Monin (B.-Pyrén.), 99e inf., phthisie. — Glogau, le 28   do

Cymon, Joseph, garde mob., fièvre typh. — Mayence, le 25 Décembre.
Coulon, Pierre, 64e inf., do do 25 do
Chevalier, Pierre, 47e inf., dyssenterie. do 25 do
Couder, Léonard, 87e inf., fièvre typh. do 26 do
Costa, Ignace, 79e inf., petite-vérole. do 28 do
Collin, Jean-Baptiste, 1er zouaves, petite-vérole. — Danzig, le 27 do
Crétin, Jacques, Tour-Landry (Maine-et-Loire), 10 inf., fièvre typ. — Glogau, le 29 Décembre.
Chorier, Saint-Prix, Mariculle (Isère) 96e inf., fièvre typh. — Glogau, le 28 Déc
Chevillard, Nicolas, St-Chenès (Gironde), 89e ligne, dyssenterie. — Posen, le 21 Déc.
Chevrin, François, Orval (Cher), 72e ligne. — Posen, le 22 Déc.
Caron, Jean, Voireppe (Isère), garde mob., épuisement. — Posen, le 26 Déc.
Cottet, Jean, Oradour (H.-Vienne), 52e ligne, pneumonie. — Posen, le 27 Déc.
Chavini, Philippe, Oretti (Corse), 87e ligne, caporal, fièvre typh. — Neisse, le 25 Déc.
Combes, Etienne, Sanger (Ardèche), 36e ligne, petite-vérole. — Stettin, le 26 Déc.
Cabus, Jean-Marie, 42e ligne, dyssenterie. — Torgau, le 22 Déc.
Cleret, Joseph, 66e ligne, phthisie. — Torgau, le 25 Déc.
Cause, Victor, 88e ligne, catarrhe pulmonaire. — Torgau, le 26 Déc.
Courreau, Pierre, 55e ligne, inflammation des intestins. — Torgau, le 27 Déc.
Caruel, Alex.-Louis, Périers (Manche), 34e ligne, gangrène et à la jambe. — Königsberg, le 27 Déc.
Capon, Jean-Bapt.-François, Montgardon (Manche), 10e ligne, dyssenterie. — Wesel, le 19 Nov.
Constant, François, Cour-Cheverny (Loir-et-Cher), 54e ligne, fièvre typh. — Wesel, le 21 Déc.
Choupeau, Yves-Marie, 20e inf., phthisie. — Kalk, le 17 Déc.
Colas, Gustave-Prudent, 17e artill., dyssenterie. — Kalk, le 24 Déc.
Cocagne, Jean-François, 11e chass., inflammation de la gorge. — Cologne, le 26 Déc.
Calimon, Modeste, 67e ligne, fièvre typh. — Mayence, le 31 Déc.
Cubernole, Auguste, ouvrier d'administr, fièvre typh. — Mayence, le 31 Déc.
Commo, Claude, 4e section d'ouvriers d'administration, dyssenterie. — Mayence, le 1er Janvier 1871.
Cubaynes, Jean-Pierre, corps inconnu, fièvre typh. — Mayence, 1er Janvier.
Charfon, Charles-Jean, Poligny (Jura), 94e ligne, phthisie. — Torgau, le 20 Déc.
Champon, Alfred, Comblest. (Somme), 85e ligne, paralysie du cerveau. — Torgau, le 20 Décembre.
Chatonnier, Charles, Moussages (Cantal.), 6e lanc., fièvre typh. — Torgau, le 20 Déc.
Chevalier, Louis, Longwy (Moselle), garde mob, pneumonie. — do 22 do
Causse, Charles, St-Martin-les-Landes, (Ardèche), 55e ligne, épuisement. — Torgau, le 23 Décembre.
Clauzel, Casimir, St-Côme (Aveyron,) 96e l'gne, petite-vérole. — Torgau, le 23 Déc.
Cabus, Jean-Marie, Jardinière (Rhône,) 42e ligne, dyssenterie. — do 24 do
Clevet, Joseph, Rosiers (Maine-et-Loire), 66e ligne, phthisie. do 25 do
Courreau, Pierre, Marieremey (Tarn-et-Garonne), 55e ligne, inflammation des intestins. Torgau, le 27 Déc.
Clair, Claude, au Poisat (Ain), 93e ligne, fièvre typh. — Torgau, le 29 Déc.
Chevalier, Auguste, 77e inf., bronchite. — Erfurt, le 28 Déc.
Coudert, François. 82e inf., dyssenterie. — Erfurt, le 29 Déc.
Charpentier, Jean, 31 inf., do — Minden, le 18 Déc.
Compain, Julien, 59e inf., petite-vérole. — Minden, le 25 Déc.
Clayer, Isidore, 1er marine, fièvre typh. — Mayence, le 28 Déc.
Cocus, François, garde mob., pneumonie. — Mayence, le 29 Déc.
Coussy, Alexandre, Laguépie (Tarn), 43e ligne, catarrhe. — Stettin, le 23 Déc.
Coulonnier, Célestin, la Seguinière (Maine-et-Loire) 5e ligne, maladie de poitrine. — Stettin, le 24 Déc.
Ben-Chérif-abdelcader, Orléansville (Algérie), 1er turcos, fièvre typh. — Wesel, le 23 Déc.

Destienne, Ferd , 84e ligne, 2e b., 3e c., amputé de la cuisse. — Courcelles, 14 Nov.
Dupeches, 70e ligne.— Trèves, en Nov.
Delberne, A., 93e ligne.   do
Douat, Bernard, 15e ligne. — Frankenstein, le 22 Nov.
Darund, Joseph, Lacour, 11e ligne, 2e b.. 6e c. — St-Mihiel, 22 Oct.
Destabeau, Etienne, St-Paul, 80e ligne. — Darmstadt, le 5 Nov.
Dorde, Ernest, 64e ligne, typhus. — Boulay, 26 Nov.
Deloutze, Jean, 15e ligne. — Trèves, en Nov.
Drevet, Alfred-Edouard, Vilaines, 115e ligne, serg , amputé de la cuisse. — Château de
     La Grange, le 21 Déc.
Daulne, Louis-Edouard, Marolles, 40e ligne. — Rastadt, le 10 Nov.
Dreifus, Ignace, Mertzwiller, garde mob.   do
Delbes, Georges, franc-tireur de la Presse. — Gonesse, en Nov.
Demay, Bapt., 5e artill., paral. des poum.   do   9 Nov.
Dubois, Benoit, Mézeriat (Ain), 23e ligne, inflammation du ventre. —Neisse, le
     9 Décembre.
Dieudonné, Jules, 64e ligne, fièvre typh. — Cologne, le 2 Déc.
Darna, Martin, 12e ligne.   do   do
Delteil, Jules, Argelès (Hautes-Pyrénées), 9e chasseurs, caporal, fièvre typh. — Posen,
     le 3 Décembre.
Davy, Louis-Jean, Vilaine (Ille-et-Vilaine), 75e ligne, dyssenterie — Posen, le
     3 Décembre.
Douté, Cerisy-Belle-Etoile (Orne), 43e ligne, sergent, inflammation des poumons. —
     Posen, le 6 Déc.
Deveaux, Pierre, 57e ligne, fièvre typh. — Mayence, le 8 Déc.
Dupré, Florentin, Chagey (Haute-Saône), 85e ligne, fièvre typhoïde. — Wesel, le
     7 Décembre.
Do, Baptiste, 2e voltig. de la garde. petite vér. — Mayence, le 7 Déc.
Demay, Baptiste, La-Bastide-de-Serou (Ariége), 5e artill., inflammation des poumons. —
     Torgau, le 9 Déc.
Desniaux, Alexandre, Bricy (Loiret), 75e ligne, péritonite. — Stettin, le 4 Déc.
Durant, Prosper, 7e huss., petite vér. — Coblence, le 10 Nov.
Dejean, Jules-Marie, Saint-Georges (Mayenne), 31e ligne, fièvre typhoïde. — Carthau-
     sen, le 6 Déc.
Delsuc, Jérôme, Villeneuve-sur-Lot (Lot-et-Garonne), 20e artill., petite vér. — Car-
     thausen, le 7 Déc.
Dubois, Marie, 2e ligne, fièvre typh. — Mayence, le 12 Déc.
Darney, Félix, 15e artill.,   do   do   13
Doleux, Hyacinthe, Servon (Ille-et-Vilaine), 49e ligne, fièvre typhoïde. — Neisse, le
     10 Décembre.
Dubor, François, 2e génie, fièvre typh. — Erfurt, le 10 Déc.
Dupin, 75e ligne, petite vér. — Coblence, le 3 Déc.
Dutertre, André, 51e ligne, fièvre.   do   3
Dabadie, Jean-Marie, 15e ligne, dyssent.— Coblence, le 4 Déc.
Desquesnes, Jules-Jean-Prosper, 49e ligne, fièvre. — Coblence, le 12 Déc.
Dieudonné, Constant, 91e ligne,   do   do   9
Dupuich, Maurice-Eug.-Jos., 19e ligne,   do   do   10
Dimay, Jacques, 80e ligne, fièvre typh.   Danzig, le 20
Ducuity, Jean, Serrières (Ardèche), 30e ligne, tuberculose de poumons. — Glogau, le
     21 Décembre.
Didier, Vincent, Langres (Haute-Marne), 68e ligne, vérole. — Neisse, le 19 Déc.
Dubois, Emile, 19e artill., ulcères. — Mayence, le 20 Déc.
Desmottes, René-Marie, Craon (Mayenne), 3e génie, fièvre typhoïde. — Torgau, le
     11 Décembre.
Defontaine, Henri, Ligny (Pas-de-Calais), 2e génie, fièvre typhoïde. — Torgau, le
     11 Décembre.
Duroy, Auguste, Lautenay (Côte-d'Or), 68e ligne, capor., fièvre typhoïde. —Torgau, le
     15 Décembre.

Descamp, Guillaume, Montignac (Dordogne), 66ᵉ ligne, fièvre typhoïde. — Torgau, le 12 Déc.

Dupré, Léon, 59ᵉ ligne, fièvre typh. — Mayence, le 16 Déc.

Delaugaune, Jean-Bapt., 1ᵉʳ artill., petite vér. — Mayence, le 17 Déc.

Donat, Charles, Chambéry, 1ᵉʳ ligne, bronchite. — Wesel, le 11 Déc.

Doudin, François, Saligny (Saône-et-Loire), 69ᵉ ligne, fièvre typhoïde. — Stettin, le 11 Décembre.

Doucine, Jean, 2ᵉ génie, petite vér. — Mayence, le 16 Déc.

Derôme, Jean, 1ᵉʳ génie, brigadier, phthisie. — Cologne, le 16 Déc.

Draguet, Louis, Belleville (Seine-Inférieure), garde nationale, petite vérole. — Glatz, le 17 Déc.

Ducroix, Pierre, Saint-Cloud (Seine-et-Oise), 3ᵉ artillerie, fièvre typh. — Stettin, le 14 Décembre.

David, Jean, St-Pierre (Gironde), 81ᵉ ligne, petite-vérole. — Königsberg, le 21 Déc.

Dezenclos, Louis-Xavier, 29ᵉ ligne, pneumonie. — Königsberg, le 13 Déc.

Ducorby, Philippe, 3ᵉ zouaves, petite-vérole. — Mayence, le 22 Déc.

Dnffon, Maximilien, personne civile, pet.-vérole.   dᵒ   23 Déc.

Davalon, Joseph, 74ᵉ inf., dyssenterie.   dᵒ   24 Déc.

Descourvière, Lucien, 4ᵉ garde, serg.-fourrier, fièvre typh. — Erfurt, le 22 Déc.

Desprès, Jean, 94ᵉ ligne, néphrite. — Danzig, le 22 Déc.

Dukmann, Joseph, 16ᵉ artill., serg.-major, fièvre typh. — Cosel, le 23 Déc.

Deportail, Emile, zouaves de la garde, phthisie. — Mayence, le 22 Déc.

Derudle, Charles, Maubeuge (Nord), 15ᵉ ligne, pneumonie. — Glogau, le 23 Déc.

Dezangle, Jean-Pierre, Masseube (Gers), 15ᵉ ligne. — Camp François, le 11 Déc.

Dubuisson, Henri-Guillaume, Biastres, cant. Slesmes (Nord) 26ᵉ lig. — Camp François, le 12 Déc.

Delblonde, Jos.-Philémon, Isbergue, cant. Norrent (Pas-de-Calais) 19 ligne. — Camp. François, le 15 Déc.

Descerteau, Claude, Nolay (Côte-d'Or), 15ᵉ ligne. — Camp François., le 17 Déc.

Delâtre, Félix-François, Crémarest (Pas-de-Calais), 98ᵉ ligne. — Camp François le 18 Décembre.

Deslandes, François-Julien, 29ᵉ inf., phthisie. — Coblence, le 19 Déc.

Duval, Louis, St-Ulphace (Sarthe), 15ᵉ ligne, fièvre typh. — Glatz, le 21 Déc.

Denier, Auguste, Condé-sur-Noireau (Calvados), 3ᵉ garde, dyssenterie. — Neisse, le 20 Déc.

Daudy, Jean, St-Germain (Corrèze), 60ᵉ ligne, caporal, fièvre typhoïde. — Stettin, le 17 Décembre.

Duhaze, Adolphe-Emile, Rouen, 57ᵉ ligne, phthisie. — Torgau, le 20 Déc.

Dugay, Claude, Villers-Farlay (Jura), 2ᵉ train d'artillerie, petite-vérole. — Torgau, le 22 Décembre.

Dereins, Nérac (Lot-et-Garonne), 33ᵉ ligne, dyssenterie. — Glogau, le 25 Déc.

Duplus, Jean, garde mob., petite-vérole. — Mayence, le 26 Déc.

Dugachard, Charles, 34ᵉ inf., fièvre typh. — Erfurt, le 28 Déc.

Deligny, Henri, Manevret (Aisne), ouvrier militaire, fièvre typh. — Neisse, le 26 Déc.

Digol, Jean-Marie, Plouray (Morbihan), 1ᵉʳ artill.   dᵒ   — Posen, le 29 Déc.

Demonne, Hippolyte, Gondrecourt (Hte-Saône), 2ᵉ artill., dyssenterie. — Torgau, le 24 Décembre.

Durand, Cléophas, Bellefontaine (Vosges), 66ᵉ ligne, phthisie. — Torgau, le 24 Déc.

Despagne, Jean, St-Georges (Gironde), 55ᵉ ligne, phthisie. —   dᵒ   24 Déc.

Dupuy, François, Bouzon (Gers), 2ᵉ ligne, fièvre typh. —   dᵒ   26 Déc.

Delcharre, Jean, Mirabel (Tarn-et-Garonne), 55ᵉ ligne, pneumonie. — Torgau, le 26 Décembre.

Delanoue, Jean, 80ᵉ inf., phthisie. — Kalk, le 20 Déc.

Delaire, François, 79ᵉ inf., phthisie.   dᵒ   25 Déc.

Dauriat, François, 6ᵉ artill., hydropisie. — Cologne, le 17 Déc.

Delpuet, Antoine, Nantes, 1ᵉʳ artillerie, petite vérole. — Torgau, le 23 Décembre.

Debras, Régis, Lérai (Haute-Loire), 55ᵉ ligne, fièvre typhoïde. — Torgau, le 28 Déc.

Desambert, Georges-Eugène, 1ᵉʳ zouaves, caporal. — Erfurt, le 2 Décembre.

Dubois, Charles-Edouard, 114ᵉ infanterie, fièvre typhoïde. — Erfurt, le 29 Déc.

Devin, Jules-François, Paris, franc-tireur, clairon, catarrhe intestinal. — Stettin, le 23 Décembre.

Eseng, 88e ligne. — Trèves, en Nov.
Escante, L.-P., 54e ligne. do
Escarieu, Lubaria, 87e ligne. — Carlsruhe, le 9 Nov.
Etiennet, Charles, 24e ligne, petite vér. — Mayence, le 8 Déc.
Egrot, Louis, 57e ligne, fièvre typh.   do   11
Elmeck-Baraba, 1er tiraill., petite vér. — Glogau, le 13 Déc.
Edet, Louis, 13e ligne, fièvre. — Coblence, le 14 Déc.
Elegot, Jean, garde mob., petite vér. — Mayence, le 21 Déc.
Evrard, Hector, Landrecies (Nord), 70e ligne, fièvre typhoïde. — Wesel, le 13 Déc.
Estebenat, François, Fagette, cant. Sureaux (Cher), 15e ligne, — Camp François, le 18 Décembre.
Enot, Edmond, Caen (Calvados), 43e ligne, sergent, dyssenterie. — Posen, le 21 Décembre.
Edel, Charles, Paris, 2e zouaves, dyssenterie. — Stettin, le 28 Décembre.
Ebert, Henri, 64e infanterie, petite vérole. — Mayence, le 29 Décembre.
Elbouette, Yves, Commana (Finistère), 6e artillerie, dyssenterie. — Torgau, le 20 Déc.

François, Emile, 100e ligne. — Trèves, en Nov.
Furet, Paul. garde mob. — Gonesse, le 15 Nov.
Ferret, Jos., Pagnières (Ariége), 24 ligne, ordonnance. — Aix-la-Chapelle, le 27 Nov.
Fouquart, Aimable, 41e ligne, typhus. — Chalons s/M, le 2 Déc.
Froissard, Juvénal, 6e ligne. 2e b., 5e c. — Berlin, le 21 Nov.
Fiercetin, Odillon, franc-tireur de la presse, coup de feu au ventre. — Gonesse le 31 Octobre.
Fournier, Jean, Allogny (Cher), 2e garde, fièvre typh. — Neisse, le 9 Déc.
Fossé, Jules, Anglesqueville (Seine-Inf.), 1er artillerie, catarrhe des boyaux. — Posen, le 8 Décembre.
Finot, Jacques, 77e ligne, capor., fièvre typh. — Erfurt, le 8 Déc.
Fanchère, Joseph, Saint-Jean-de-Niost (Ain), 23e ligne, fièvre typhoïde. — Torgau, le 7 Décembre.
Flouret, Joseph, 13e ligne, fièvre typh. — Coblence, le 2 Déc.
Falon, Jos., 15e ligne, capor.,   do   do   3
Falque, Sylv., Vinay (Isère), 89e lig., do   Carthausen, le 5
Fournier, Jean, 2e artill.,   do   Mayence, le 14
Frichet, Jules, Montcley (Doubs), 17e artill., vérole. — Neisse, le 14 Déc.
Francon Pierre, garde mob., petite vér. — Mayence, le 14 Déc.
Faivre, David, 1er cuirass., dyssent. — Cosel, le 12 Déc.
Fallot, Célestin-Victor, Pérouse (H.-Rhin), 5e huss., brigadier, fièvre typh. — Neisse, le 19 Déc.
Fischer, Wendel, Oberséebach (Bas-Rhin), 93e ligne, fièvre typhoïde. — Neisse, le 18 Décembre.
Fréjaville, Jean, 5e chass., ulcères. — Mayence, le 20 Déc.
Fouquet, Isidore, 1er marine, fièvre typh. — Mayence, le 17 Déc.
Favre, Jean, 72e ligne, petite vér.   do   18
Falquier, Augustin, Golinhac (Aveyron), 46e ligne, petite vérole. — Stettin, le 13 Décembre.
Fayn, Joseph, 2e marine, phthisie. — Kalk, le 9 Déc.
Fellettre, Cyprien, 4e chass., fièvre typh. — Erfurt, le 17 Déc.
Fieux, Joseph-Marie-Alphonse, Marignac, 7e cuirassiers, petite vérole. — Wesel, le 10 Décembre.
Fritsch, Joseph, Uttenheim (B.-Rhin), 54e ligne, serg., fièvré typh. et dyssent. — Wesel, le 11 Déc.
Faure, Emile, Au Pilhon (Drôme), 13e ligne, fièvre typh. et dyssenterie. — Wesel, le 17 Décembre.
Fieret, Alphonse, 24e ligne, fièvre typh. — Mayence, le 18 Déc.

Fabry, Louis, St-Christophe, cant. St-Laurent (Isère), 9e cuirass., fièvre typhoïde. — Königsberg, le 21 Décembre.

Florentin, Denis, Mervent (Vendée), 44e ligne, fièvre typhoïde. — Königsberg, le 8 Décembre.

Fremy, Auguste, 19e artillerie, dyssenterie. — Cosel, le 23 Décembre.

François, Jules, 84e ligne, fièvre typhoïde. — Mayence, le 21 Décembre.

François, Ferdinand, voltig. de la garde, pneumonie. — Mayence, le 23 Décembre.

Feuillâtre, Eugène-Moïse, 58e ligne, dyssenterie. — Spandau, le 25 Décembre.

Futin, Henri-Antoine, Légna (Jura), 20e chasseurs, fièvre gastrique. — Glogau, le 23 Décembre.

Froger, Pierre, Farigne, cant. Bouloire (Sarthe), 15e chass. — Camp François, le 14 Décembre.

Fontaine, Jules, Lucy-le-Château, cant. Pillaville, (Aisne), 13e artill. — Camp François, le 17 Décembre.

Fournier, Jules, Cresilles, cant. Toul (Meurthe), 8e artill., fièvre typhoïde. — Carthausen, le 15 Décembre.

Firmin, Pierre, Hautépine (Oise), 4e ligne, dyssenterie. — Citadelle Graudenz, le 16 Décembre.

Fouret, Jacques, La Chaux (Loire), 18e ligne, fièvre typhoïde. — Neisse, le 21 Déc.

François, Joseph, 84e ligne, dyssenterie. — Mayence, le 25 Décembre.

Faucheux, Jean, Bricy (Loiret), personne civile, dyssenterie. — Stettin, le 23 Déc.

Fusier, Jean, Orney (Ain), 32e ligne, petite vérole. — Torgau, le 19 Décembre.

Fradet, Jean, 91e ligne, dyssenterie. — Glogau, le 25 Décembre.

Flouret, Jules, 76e infanterie, fièvre typhoïde. — Mayence, le 28 Décembre.

Fabas, Bernard, (Hte-Garonne), 52e ligne, épuisement. — Posen, le 19 Décembre.

Feuillotte, Théophile, Ardion (Nièvre), 6e ligne, soldat, dyssenterie. — Posen, le 19 Décembre.

Farnier, Jean, Charentay (Rhône), 2e zouaves, dyssenterie. — Posen, le 20 Décembre.

Fournier, Antoine, Cassac (Dordogne), 3e garde, dyssenterie. — Neisse, le 25 Décembre.

Furt, Bernard, 35e infanterie, pneumonie. — Mayence, le 29 Décembre.

Fèvre, César, Planty (Aube), 18e infanterie, petite vérole. — Glogau, le 30 Décembre.

Février, Jules, 1er artillerie, fièvre typhoïde. — Glogau, le 30 Décembre.

Foigrand, Louis, Roisant (Charente-Inférieure), 1er génie, petite vérole. — Königsberg, le 25 Décembre.

Freppel, Antoine, Meissengott (Bas-Rhin), 80e ligne, fièvre typh. — Wesel, le 21 Déc.

Forestier, Louis, 95e infanterie, caporal, fièvre typhoïde. — Kalk, le 25 Décembre.

Florimont, Jacques, 29e infanterie, fièvre. — Minden, le 29 Décembre.

Friquet, Pierre, 13e artillerie, dyssenterie. — Mayence, le 30 Décembre.

Gurgey, Charles, (Aube), 34e ligne, blessé à la tête. — Dammartin, le 31 Oct.

Gouadan, 44e ligne. — Trèves en Nov.

Gruel, Jules, Rouen, 65e ligne. — Carlsruhe, le 10 Nov.

Gouteau, Antoine, laVersanne, garibaldien, blessé. — Dijon, le 27 Nov.

Gondard, Antoine, 90e ligne. — Remilly, le 25 Nov.

Guenot, François, Fourchambault, 1er zouaves, 1er b., 2e c. — Darmstadt, le 29 Août.

Gay, Pierre, Vulbains, 2e train d'artill., coup. de feu à la cuisse. — St-Mihiel, le 23 Novembre.

Guérin, Léon, Paris, 43e ligne. — Hamm, le 19 Nov.

Gonthière, Aug., Cosse, 4e ligne. — Genthin, le 2 Déc.

Gauthier, Claude, 2e chass. à p. — Trèves, en Décembre.

Grandjean, Henri-Emile, 2e chass. à p.   do

Goulhot, Emile, la Flèche, 2e grenad. de la garde. — Tilsit, le 17 Déc.

Génin, Louis, 3e dragons. — Trèves, en Déc.

Guérault, Aimé, (Seine-Inférieure), 75e ligne, pet.-vér. — Posen, le 6 Déc.

Guillot, Alexis, Secondigné (Deux-Sèvres), 68e ligne, dyssenterie. — Glogau, le 10 Déc.

Garnier, Jacques, 94e ligne, variole. — Torgau, le 8 Déc.

Gustin, François-Charles, St-Genard (Deux-Sèvres), 10e chass., brigadier, fièvre typh. — Wesel, le 8 Décembre.

Guilbert, Joseph, 11ᵉ chass., fièvre typh. — Cologne, le 30 Nov.
Gloachec, Jean-Marie, 31ᵉ ligne, inflamm. du cerv. — Cologne, le 2 Déc.
Gruelle, Jules, 34ᵉ ligne, fièvre typh. — Kalk, le 2 Déc.
Gremert, Claude, 2ᵉ ligne, fièvre typh. — Kalk, le 6 Déc.
Glize. Jean, 41ᵉ ligne, phthisie. — Kalk, le 3 Déc.
Gallmann, Joseph, 4ᵉ chass. à cheval, maréchal des logis, fièvre typh. — Wittenberg, le 5 Décembre.
Gailmain, Alphonse, Dampvitoux (Moselle), garde mob., catarrhe pulm. — Stettin, le 5 Décembre.
Guillemot, Henri-Jean-Bapt., La Faurie (H.-Alpes), 60ᵉ ligne, fièvre typh. — Stettin, le 7 Décembre.
Guersing, Pierre, 24ᵉ ligne, dyssenterie. — Mayence, le 10 Déc.
Gilbert, Jules, Quantilly, cant. St-Martin (Cher), 1ᵉʳ train d'équipages, pet.-vér. — Glatz, le 10 Décembre.
Grandjean, François, St-Voir (Allier), 57ᵉ ligne, pet.-vér. — Glogau, le 11 Décembre.
Gaudon, Denis, Santranges (Cher), 99ᵉ ligne, dyssenterie. — Glogau, le 11 Déc.
Garrel, Julien, 4ᵉ volt. de la garde, fièvre typh. — Erfurt, le 9 Déc.
Goudold, Pierre, 55ᵉ ligne, fièvre typh. — Erfurt, le 9 Déc.
Grosdemange, Jos.-Eugéne, artill. de la garde, maréchal des logis, fièvre typh. — Cosel, le 11 Décembre.
Guibert, Louis-Napoléon, Montbizot (Sarthe), 62ᵉ ligne, dyssenterie. — Glogau, le 12 Décembre.
Gærtner, Jean-Nicolas, 27ᵉ ligne, pet.-vér. — Coblence, le 2 Déc.
Gallonge, François, Champigneule (Rhône), 4ᵉ marine, dyssenterie. — Carthausen, le 3 Décembre.
Guerria, Albert, 3ᵉ volt. de la garde, fièvre typh. — Mayence, le 11 Déc.
Gagneux, Joseph-Marie, Abondance (H.-Savoie), 12ᵉ ligne, dyssenterie, Stettin, le 7 Décembre.
Gasque, Joseph, Mougin (Alpes-Maritimes), 3ᵉ génie, caporal, hydropisie. — Neisse, le 14 Décembre.
Gouget, Jean-Bapt., Panissière (Loire), 6ᵉ dragons, fièvre typh. — Neisse, le 14 Déc.
Guaiery, Louis, 76ᵉ ligne, pneumonie. — Mayence, le 15 Déc.
Gougeon, Louis, 27ᵉ ligne, pet.-vér. — Coblence, le 3 Déc.
Glé, Jean-Bapt., 15ᵉ ligne, diarrhée. — Coblence, le 4 Déc.
Germain, Prosper-Alph., 94ᵉ ligne, fièvre. — Coblence, le 6 Déc.
Gones, Henri-Auguste, 57ᵉ ligne, pet.-vér. — Coblence, le 8 Déc.
Gilet, Jean-Jules, Goulon (Loire), 61ᵉ ligne, dyssenterie. — Neisse, le 17 Déc.
Gambert, Adolphe, 1ᵉʳ marine, pet.-vér. — Mayence, le 19 Déc.
Géry, Jos., 27ᵉ ligne, pet.-vér. — Mayence, le 20 Déc.
Grifourt, Jean-Bapt., Canton (Aveyron), 16ᵉ artill., dyssenterie. — Torgau, le 10 Déc.
Godet, Jean-Marie, Moissac, (Tarn-et-Garonne), 13ᵉ ligne, fièvre typh. — Torgau, le 13 Décembre.
Gouquelin, Jules, La Carneille (Orne), 12ᵉ dragrons, fièvre typh. — Torgau, le 14 Déc.
Giraudon, Auguste, 15ᵉ chass., paralysie des poumons. — Wittenberg, le 10 Déc.
Geyler Jean, Ruprechtsau (B.-Rhin,) ouvrier d'administration, pet., vér. — Neisse, le 15 Décembre.
Grosset, Désiré, Mégevette (H.-Savoie), 56ᵉ ligne, pet.-vér. — Glogau, le 18 Déc.
Giraux, Jnles-Amédée, Drouilly arr. Vitry-le-Françiis (Marne), garde mob., pneumonie. Glogau, le 19 Décembre.
Gesel, Jean-Michel, 15ᵉ ligne, fièvre typh. — Erfurt, le 15 Déc.
Guilloux, Louis, 24ᵉ ligne, tuberculose, Mayence, le 16 Déc.
Gaudeau, Alfred, 1ᵉʳ artill., petite vérole. — Mayence, le 16 Déc.
Gérard, Nicolas, 3ᵉ génie, phthisie. — Kalk, le 14 Déc.
Gauvin, Jacques, 88ᵉ inf., sapeur, pneunomie. — Kalk, le 14 Déc.
Goguillon, Henri, Visul (Pas-de-Calais), 44ᵉ ligne, pet.-vérole. — Glogau, le 20 Déc.
Girard, Denis-Claude, Jacquillon (Mayenne), 17ᵉ chasseurs, dyssenterie. — Glogau, le 21 Décembre.
Guémard, Martel, Callonzel (Drôme), 13ᵉ ligne, fièvre typh. — Glatz, le 18 Déc.
Goupil, Pierre-Marie, Bouxière (Ille-et-Vilaine), 7ᵉ artill., cancer. — Wesel, le 18 Déc.

Grasteau, François, voltig. de la garde, pet.-vérole. — Mayence, le 18 Déc.
Gaboriaux, Louis, 46e ligne, fièvre typh. — Cologne, le 16 Déc.
Godet, Jean-Marie, 93e ligne, phthisie. — Torgau, le 13 Déc.
Guilbert, Denis, Chambon, cant. Hérault (Loir-et-Cher), 8e dragons, dyssenterie. — Königsberg, le 14 Décembre.
Géhin, Charles, 80e ligne, fièvre typhoïde. — Mayence, le 21 Décembre.
Gironteau, Jules, 61 infanterie, fièvre typhoïde. — Mayence, le 22 Décembre.
Gaspard, Auguste, Châlons (Marne), 20 chasseurs, tuberculose. — Glogau, le 22 Déc.
Guibert, Louis-Victor, St-Florent (Deux-Sèvres), 37e ligne, petite vérole. — Glogau, le 23 Décembre.
Grosmanglu, Aug., Herny, Cant. Faulquemont (Moselle), 26e ligne. — Camp François, le 13 Déc.
Le Gall, Maurice, Guiclan, Cant. Taulé (Finistère), 15e ligne. — Camp François, le 14 Déc.
Gras, Olivier, Champlost, Cant. Brinon (Yonne), 4e cuirass., fièvre typhoïde. — Carthausen, le 16 Déc.
Gehier, Victor, 5e artill., fièvre typh. — Erfurt, le 18 Déc.
Gouin, Armand, St-Cloud (Eure-et-Loir), 8e ligne, vérole. — Neisse, le 22 Déc.
Garnier, Jean-Victor, Placé (Mayenne), 5e ligne, fièvre scarlatine. — Stettin, le 22 Déc.
Godo, Mathurin, (Morbihan), 10e ligne, fièvre typhoïde. — Glogau, le 24 Déc.
Gérard, Henri-Alex., Cant. Vitry-le-Français (Marne), garde mobile, caporal, fièvre gastrique. — Glogau, le 25 Déc.
Grunet, 84e ligne, fièvre typh. — Mayence, le 26 Déc.
Gallardot, Auguste, garde mobile, fièvre typhoïde. — Mayence, le 26 Déc.
Gourmelon, François,   do   do   do   le 28 Déc.
Girault, Eugène, 84e ligne,   do   do   le 28 Déc.
Geure, Ferdinand, 33e marine, petite vérole. — Danzig, le 28 Déc.
Gabard, Antoine, 4e garde mobile, fièvre typhoïde. — Danzig, le 28 Déc.
Garal, Marc, Lalande (Tarn-et-Garonne), 91e ligne, caporal, fièvre typhoïde. — Posen, le 20 Déc.
Gaboriau, Aug., (Vendée), 91e ligne, dyssenterie. — Posen, le 21 Déc.
Gomery, François-Joseph, Fessenheim (Haut-Rhin), 15e artill., pneumonie. — Posen, le 23 Déc.
Granier, Henri, Azles (Bouches-du-Rhône), 52e ligne, catarrhe intestinal. — Posen, le 25 Déc.
Gaillac, Sylvain, Galgau (Aveyron), 17e ligne, phthisie. — Posen, le 27 Déc.
Gambert, Joseph, (Eure-et-Loir), 8e ligne, fièvre typhoïde. — Neisse, le 26 Déc.
Guthmüller, Jacques, Wingen (Bas-Rhin), lanciers de la garde, fièvre typh. — Neisse, le 27 Déc.
Gestin, Marie-Jean, Folgoat (Finistère), ouvriers d'administration, dyssenterie. — Neisse, le 4 Déc.
Gégilot, Robert, 76e ligne, pneumonie. — Mayence, le 28 Déc.
Garnier, Jean, (Isère), 2e artill., petite vérole. — Torgau, le 22 Déc.
Guilleman, André, Lussac (Gironde), 55e ligne, paralysie des poumons. — Torgau, le 22 Déc.
Gauré, Jules, Brémont (Indre-et-Loire), 55e ligne, fièvre typhoïde. — Torgau, le 26 Déc.
Gex, François, Sallanches (Haute-Savoie), 55e ligne, fièvre typhoïde. — Torgau, le 27 Déc.
Gayel, Benoit-Michel, (Isère), 43e ligne, dyssenterie. — Glogau, le 30 Déc.
Genez, Ferdinand, Fresse (Haute-Saône), 18e ligne, fièvre typhoïde. — Glogau, le 30 Déc.
Gachenaud, Jean, Mortagne (Vosges), 14e chasseurs, dyssenterie. — Glogau, le 28 Déc.
Gouré, Jules, 1er ligne, fièvre typh. — Torgau, le 26 Déc.
Grégoire, Jean-Baptiste-Pierre, St-Malo-du-Bois, cant. Montagne (Vendée), garde nationale, fièvre typh. — Kœnigsberg, le 27 Déc.
Guillon, Lazare, 17e artill., fièvre typh. — Cologne, le 28 Déc.
Guérut, Pierre, 11e chass., paralysie du cerveau. — Kalk, le 21 Déc.

Guillet, Xavier, 11e dragons, fièvre typh. — Cosel, le 31 Déc.
Gervais, Auguste, 59e ligne, dyssenterie. — Minden, le 26 Déc.
Guin, Firmin, 81e ligne,   do   do   le 26 Déc.
Gilbert, Jacques, 4e artill., fièvre typh.   do   le 28 Déc.
Gaucher, Aug., 63e ligne, petite vérole. — Mayence, le 31 Déc.
Gethay, Charles, 47e ligne,   do   do   le 30 Déc.
Guillois, Aug., 75e ligne, petite vér. — Mayence, le 30 Déc.
Garnier, Cyrille, 23e ligne, fièvre typh. — Neisse, le 28 Déc.

Hachis, Abl., 135e ligne, coup de feu à la poitrine. — Plessis-Bouchard, le 1er Déc.
Hée, Isidore-Julien, 57e ligne. — Sarrelouis, le 27 Nov.
Husson, Louis, Jacourt (Meuse) garde mob., 14e b., coup de feu à la poitrine. — Gonesse, le 18 Nov.
Hosselet, Olivier, Sains (Nord), 13e chass. fièvre typh. — Posen, le 4 Déc.
Héard, Pierre, Authon (Charente-Inf.), 72e ligne, fièvre typh. — Posen, le 7 Déc.
Haumann, François, Blanchaibas (H'e-Saône), lanc. de la garde, dyssenterie. — Neisse, le 9 Décembre.
Hugot, Alexandre, 11e chass., gangrène. — Cologne, le 28 Nov.
Hamm, Charles, 11e chass., dyssenterie. — Kalk, le 28 Nov.
Houardau, Ives, 2e marine, dyssenterie. — Coblence, le 5 Déc.
Herbach, Joseph, Gambach (Bas-Rhin), 60e ligne, pneumonie. — Stettin, le 9 Déc.
Hénon, Joseph-Louis, Canteville (Pas-de-Calais), 1er génie, caporal, pet.-vérole. — Stettin, le 12 Déc.
Heude, Joseph-Louis, Rouen, 62e ligne, pet.-vérole. — Glogau, le 14 Déc.
Halbroc, Pierre, 23e ligne, fièvre typh. — Danzig, le 14 Déc.
L'Helgoualih, Jean-Marie, 33e inf., pet.-vérole. — Coblence, le 5 Déc.
Hugue, Marie-Guillet, Ruevollet (Rhône) 3e gardes, fièvre typh. — Neisse, le 14 Nov.
Huet, Alfred, Limezy (Seine-inf.), 10e cuirass., dyssenterie. — Wesel, le 13 Déc.
Huyghe, Henri-Alex., Morbecque (Nord), 2e chasseurs à cheval, fièvre typh. — Wesel, le 14 Déc.
Harbois, Jean, 27e inf., hydropisie. — Kalk, le 14 Déc.
Henry, Jean-Victor, Croismore (Meurthe), 43e ligne, caporal, fièvre typh. — Wesel, le 14 Décembre.
Hallot, Auguste, Guerpont (Meuse), garde mobile, petite-vérole. — Wesel, le 16 Déc.
Hermitté, Jean-Bapt.-Fréd., La Bréolle, cant. de Lauzet (B.-Alpes), 5e artill., fièvre typh. — Carthausen, le 15 Déc.
Heusch, Emile, Dambach, cant. de Barr (B.-Rhin), 15e ligne. — Camp François, le 16 Décembre.
Henderice, Jean, 96e ligne, petite vér. — Mayence, le 25 Déc.
Hyvernaud, Mathias, Limoges, 1er génie, caporal, petite vérole. — Stettin, le 20 Décembre.
Hébert, Pierre-Emile, Bocasse (Seine-Inférieure), 1er génie, fièvre. — Stettin, le 20 Décembre.
Heymes, Jean, 71e ligne, hydropisie. — Erfurt, le 26 Décembre.
Henri, Pierre, Villeneuve-l'Ormeau (Gironde), 55e ligne, fièvre typh. — Torgau, le 27 Décembre.
Hugues, Maurice, 22e ligne, hémorrhagie. — Kalk, le 20 Déc.
Henrion, Jean, 15e artill., fièvre typh. — Mayence, le 1er Janvier.
Hébert, Jean, 3e lanc.,   do   Wittenberg, le 24 Déc.
Hannequart, Constant, Romeries (Nord), 23e ligne, fièvre typhoïde. — Neisse, le 27 Décembre.
Hutin, Jules-Alexandre, Herbeville (Meuse), 3e garde imp., fièvre typhoïde. — Neisse, le 28 Déc.

Jouan, Jean-Bapt. 65e ligne. — Trèves, en Nov.
Jaquillat, Henri, Paris, garde mob., 14e b. Amputé de la jambe droite. — Villiers-le-Bel, le 16 Nov.

Jannerey, Eugène, Paris, garde mob., 14e b., coup de feu au dos. — Gonesse, le 17 Nov.
Jenneau, Jean, Château-Thébaud, 65e ligne. — Trèves, le 11 Nov.
Jarny, Pierre, Airaines, 44e ligne. — Hamm, le 26 Nov.
Jullien, Antoine, 3e ligne. — Haguenau, le 17 Nov.
Josse, Isidore-Narcisse, Villeselve (Oise), 1er artillerie, fièvre typhoïde. — Wesel, le 8 Décembre.
Jris, Julien-Marie, St.-Pierre (Ille-et-Vilaine), 10e chass. à cheval, fièvre typh. — Wesel, le 8 Décembre.
Jollet, Joseph, Coute (Loir-et-Cher), 50e ligne, fièvre typh. — Citadelle Graudenz, le 6 Décembre.
Jérusalem, Victor-Laurence, 31e ligne, néphrite. — Kalk, le 28 Nov.
Jarry, Pierre, Lagrennero (Hte-Vienne), 48e ligne. catarrhe. — Glogau, le 7 Déc.
Jeanvoine, Hippolyte, Plombières, 1er chass., inflammation des poumons. — Stettin, le 6 Décembre.
Juillet, Jean, St-Laurent, (Saône-et-Loire), fièvre typh. — Glatz, le 9 Déc.
Jansone, Léon-Gustave, St-Omer (Pas-de-Calais), 44e ligne, petite-vérole. — Glogau, le 12 Décembre.
Juchert, André, Heildolsheim, cant. Markolsheim (B.-Rhin), 5e art., maréchal-des-logis, tuberculose. — Carthausen, le 6 Déc.
Jindre, Clément, 84e ligne, fièvre typh. — Mayence, le 12 Déc.
Junius, Célestin, Chiché (Deux-Sèvres), garde mob., dyssenterie. — Stettin, le 7 Déc.
Jolly, François, Pont-à-Mousson, 33e ligne, caporal, fièvre typh. — Glatz, le 15 Déc.
Jalabert, Jean-François, 86e inf., diarrhée. — Coblence, le 2 Déc.
Julien, Joseph, Isère (Isère), 3e chass., pneumonie. — Posen, le 10 Déc.
Jamin, Alexandre, Verlet, (Charente-Inf.), 1er train d'artill., fièvre typh. — Posen, le 16 Décembre.
Jourde, Antoine, Wansa (Puy-de-Dôme), chasseurs de la garde, fièvre typh. — Neisse, le 19 Déc.
Jousseau, Théophile, Busy (Doubs), 2e ligne, fièvre typh. — Torgau, le 19 Déc.
Jacquelin, Etienne-Pierre, Saint-Pierre-Tarentaigne (Calvados), 3e garde, fièvre typh.— Neisse, le 16 Déc.
Jouanne, Alexandre, Berville (Seine-Inf.,) 1er marine, fièvre typhoïde. — Glogau, le 14 Déc.
Julien, Louis, Orléans, 70e ligne, phthisie. — Wesel, le 12 Déc.
Joutel, François, Baccon (Loiret), 11e ligne, petite-vérole. — Stettin, le 14 Décembre.
Jacob, Jonathan, Stoubeath (Nord), 3e garde, dyssenterie. — Neisse, le 13 Décembre.
Jalifille, Laurent, Villard-de-Lans (Isère), 89e ligne, fièvre typhoïde. — Carthausen, le 11 Décembre.
Juteau, Henri, Villebernier (Maine-et-Loire), 17e chass. à pied, fièvre typh. — Carthausen, le 17 Déc.
Jouvet, Arthur, Brie (Aisne), 15e ligne. — Camp François, le 14 Déc.
Jagot, Pierre, canton de Quintin (Côtes-du-Nord), 15e ligne. — Camp François, le 19 Déc.
Josset, Jules-Médéric-Alexandre, Sottevast, cant. de Bricquebec (Manche), 49e ligne. — Camp François, le 19 Déc.
Jouguet, Léon, 23e ligne, caporal, fièvre typh. — Erfurt, le 20 Déc.
Juillet, Joseph, artill. de la garde, dyssent. — Cosel, le 23 Déc.
Jardin, Louis, 70e ligne, fièvre typh. — Mayence, le 22 Déc.
Julien, Nicolas, Amauvillers (Moselle), artillerie mobile, fièvre typhoïde. — Glogau, le 21 Décembre.
Janin, François, Sardieux (Isère), artillerie de la garde, tuberculose. — Custrin, le 23 Décembre.
Junter, Ernest, St-Jean, 55e ligne, petite vérole. — Torgau, le 23 Déc.
Jacob, Napoléon, 66e ligne,   do   Mayence, le 26 Déc.
Jarret, Aug., 54e ligne, pneumonie.   do   27
Juilland, Frédéric, Bagnols (Gard), 6e ligne, phthisie. — Posen, le 24 Déc.
Jardin, Auguste, Saint-Denis (Mayenne), 12e dragons, fièvre typhoïde. — Torgau, le 24 Décembre.
Jublot, Patient, Dampierre (Cher), 26e ligne, fièvre typh. — Posen, le 30 Déc.

Jeryot, René, 7e artill., hémorrhagie. — Kalk, le 23 Déc.
Imbard, Fabien-Marius, 31e ligne, caporal, balle au bas ventre. — Kalk, le 25 Décembre.

Kariel, Réné, 25e ligne. — Trèves, en Nov.
Kœller, Pierre, 3e voltigeurs de la garde, fièvre typhoïde. — Mayence, le 21 Déc.
Kœssler, Georges, Duttlenheim, cant. de Geispolsheim (B.-Rhin), 41e ligne, serg., fièvre typh. — Carthausen, le 16 Déc.
Kœnig, Michel, Strasbourg, 3e zouaves, apoplexie. — Kœnigsberg, le 15 Déc.
Bel-Kuider-Adallah, Taschta, près Orléansville (Algérie), 1er turcos, fièvre typh. — Cita·delle Graudenz, le 22 Déc.
Kefelei, Jean, Varcouche (Finistère), 85e ligne, pneumonie. — Custrin, le 22 Déc.
Kraff, Joseph, Blotzheim (H.-Rhin), 8e ligne, phthisie. — Neisse, le 22 Déc.
Kaddour-ben-Sedir, 2e turcos, épuisement. — Glogau, le 25 Déc.
Kühn, Valentin, 68e ligne, pneumonie. — Erfurt, le 24 Déc.
Kurtz, Henri-Joseph, Paris, lanciers de la garde, dyssenterie. — Neisse, le 23 Décembre.
Kustner, Laurent, 45e ligne, fièvre gastrique. — Minden, le 20 Déc.

Lemaire, J.-B.-Ach., 44e ligne. — Trèves, en Nov.
Leroux, Jean, 10e ligne.   do
Linlet, Charles, 29e ligne.   do
Leray, Ploërmel, 2e ligne. — Leipzig, le 20 Nov.
Laroche, Florian, Dijon, garibaldien, coup de baïonnette. — Dijon, le 28 Nov.
Ley, Jacob, 6e lanciers, typhus. — Châlons, le 27 Nov.
Limet, Alphonse, Valence, 84e ligne. — Darmstadt, le 17 Sept.
Lirhanz, Jean, infirmier, variole. — Nancy, le 30 Nov.
Loyse, Edmond, 72e ligne, typhus. — Pont-à-Mousson, le 28 Nov.
Lavery, Pierre, 41e ligne. — Hamm, le 10 Nov.
Le-Puenne, Vincent, 33e ligne. — Hamm, le 14 Nov.
Lesnon, Pierre-Alex., 64e ligne. — Trèves, en Déc.
Labarousias, Jean, 1er génie.   do
Leguier, Ant., Méharicourt, 29e ligne, 2e b., 2e c., fracture de la cuisse. — Landon·willer, le 11 Déc.
Linage (de), Alphonse, (Isère), état-major, colonel, blessé. — Floing près Sédan, le 4 Sept.
Lapp, Jacob, Frankenheim, garde mob., variole. — Rastadt, le 10 Nov.
Leclèrc, Alphonse, 26e ligne. — Berlin, le 25 Nov.
Lecourt (de), Baptiste, zouaves de la garde, fièvre typh. — Mayence, le 8 Déc.
Limoneux, Auguste, 54e ligne, pet.-vér. — Mayence, le 7 Déc.
Lagnez, François, Aix (Pas-de-Calais), 7e hussards, fièvre phthisique. — Glogau, le 7 Décembre.
Lafontaine, Jean, 55e ligne, fièvre typh. — Erfurt, le 6 Déc.
Ladroit, Hippolyte, Rodez, 98e ligne, caporal, épuisement. — Wesel, le 4 Déc.
Laurenz, Mich., 11e art., fièvre typh. — Cologne, le 30 Nov.
Lechrist, Auguste-Alphonse, 12e ligne, inflammation du bas ventre. — Cologne, le 3 Décembre.
Lejou, Louis, 90e ligne, fièvre typh. — Cologne, le 6 Déc.
Leroy, Léon, 69e ligne, fièvre typh. — Danzig, le 9 Déc.
Landry, Louis, 55e ligne, dyssent. — Torgau, le 8 Nov.
Lalande, François, Bordemois (Loire-Inférieure), 6e cuirassiers, fièvre typh. — Posen, le 3 Déc.
Lebénac, Hervé, Briec (Finistère), 43e ligne, fièvre typh. — Posen, le 5 Déc.
Levasseur, Edouard, Montigny-l'Allier 1er artillerie, fièvre typh. — Posen, le 5 Décembre.
Lemoin, Paul, Nevers, garde-mobile, fièvre typh. — Posen, le 6 Déc.

Labonnette, Louis, St-Nom-Labretêche (Seine-et-Oise), 63e ligne, blessure par balle. — Posen, le 7 Déc.

Lion, Charles, Jailly (Nièvre), garde-mobile, fièvre typh. — Posen, le 8 Déc.

Lucasse, Julien, Valenciennes, 91e ligne, fièvre typh. — Posen, le 8 Déc.

Laru, Louis, Valandry (Maine-et-Loire), 93e ligne, dyssent. — Posen, le 9 Déc.

Lavart, Jean-Baptiste, Tourteron (Ardennes), 27e ligne, caporal, fièvre typh.— Stettin, le 7 Déc.

Laurin, Jean-Marie, St-Malo, 1er génie, fièvre typh. — Stettin, le 7 Déc.

Lozes, Michel, 28e ligne, dyssent. — Mayence, le 10 Déc.

Langéme, Armand, Martignac (Dordogne), 28e ligne, fièvre typhoïde. — Glogau, le 11 Décembre.

Lacaibau, Pierre, Orthez (Basses-Pyrénées), 30e ligne, petite-vérole. — Glogau, le 11 Décembre.

Larue, Victor, 57e ligne, dysssent. — Coblence, le 2 Déc.

Lapierre, Arthur, 15e ligne, phthisie. — Coblence, le 9 Déc.

Leserre, Joseph, Muel, canton St-Méen, (Ille-et-Vilaine), 14e ligne, fièvre typhoïde. — Carthausen, le 10 Déc.

Letaxieu, Simon, 25e ligne, dyssent. — Mayence, le 13 Déc.

Leroux, Charles, 5e art., dyssent. — Mayence, le 13 Déc.

Liobon, Bernard, 67e ligne, pet.-vér. — Mayence, le 14 Déc.

Levillain, Isidore-Ferdinand, Mesnil-Bonand (Manche), 60e ligne, dyssenterie. — Stettin, le 9 Décembre.

Loyau, Joseph, Sontel-Rillé (Maine-et-Loire), 5e ligne, fièvre typhoïde. — Stettin, le 10 Décembre.

Lebeau, François, Missy (Aisne), 7e hussards, brigadier, dyssenterie. — Glogau, le 16 Décembre.

Lepinet, Charles, 11e ligne, fièvre typh. — Erfurt, le 14 Déc.

Legendre, Joseph, 77e ligne, pet.-vér. — Erfurt, le 13 Déc.

Lutz, Frédéric, 62e ligne, fièvre typh. — Danzig, le 14 Déc.

Léger, Paul, Richemont (Cher), 3e train, vérole. — Neisse, le 14 Déc.

Lacourt, Jules-Marie, Craon (Mayenne), 6e dragons, fièvre typhoïde.   Neisse, le 12 Décembre.

Loiselle, Alfred, 8e art., fièvre typh. — Erfurt, le 12 Déc.

Lemoine, Anselm, 2e chass. fièvre. — Coblence, le 6 Déc.

Langlet, Emile-Jean-Bapt., 26e ligne, fièvre. — Coblence, le 10 Déc.

Lebos, François, Sougy, (Nièvre), 3e garde mob., fièvre typh. — Posen, le 10 Déc.

Lavieille, Eugène, Aulorey (Manche), 6e ligne, épuisement.   d° 10 Déc.

Leblondet, Victor, Moyen (Manche), 1er artill., gangrène.   d° 18 Déc.

Lapalus, Louis, Mâcon, 23e ligne, hydropisie. — Neisse, le 19 Déc.

Lepalec, Pierre-Marie, Grand-Champ (Morbihan), 8e ligne, fièvre typh. — Neisse, le 16 Décembre.

Loisot, François, Tours, 2e voltig. de la garde, fièvre typh. — Neisse, le 16 Déc.

Lami, Adolphe, chass. de la garde, dyssenterie. — Mayence, le 20 Déc.

Lauval, Léon, Bois (Somme), 19e ligne, fièvre typh. — Torgau, le 11 Déc.

Laurdelle, Octave, Ervelle (Pas-de Calais), 44e ligne, fièvre typhoïde. — Torgau, le 11 Décembre.

Larsonnier, Hippolyte, Broie (Eure-et-Loir), 12e chasseurs, fièvre typh. — Torgau, le 13 Décembre.

Lamoureux, Alexandre, Neuville (Sarthe), 2e ligne, fièvre typhoïde. — Torgau, le 14 Décembre.

Legendre, Henri, Larmisserie (Mayenne), 3e gardes, fièvre typh. — Neisse, le 16 Déc.

Larrère, Jean, Amou (Landes), 99e ligne, pet.-vérole. — Glogau, le 18 Déc.

Laveau, François, Billême (Orne), 57e ligne,   d°   d° 16 Déc.

Laurent, Hubert, Bierry-St-Julien (Aube), 4e ligne, dyssenterie. — Glogau, le 18 Déc.

Legendre, Justin, 84e ligne, pneumonie. — Mayence, le 16 Déc.

Leferre, Frédéric, Autat (Seine-Inférieure), 70e ligne, fièvre typhoïde. — Wesel, le 11 Décembre.

Larible, Alex., St-Just (Marne), 7e ligne, tuberculose. — Wesel, le 15 Déc.

Loslier, Louis-Prosper, 6e ligne, dyssenterie. — Spandau, le 17 Déc.

Lefichand, Louis-Marie, 11e ligne, pet.-vérole. — Erfurt, le 16 Déc.

Largy, Jean-Marie, Couches (Saône-et-Loire), 13e ligne, fièvre typh. — Wesel, le 10 Décembre.

Lefray, Auguste, Duneau (Sarthe), 2e chasseurs, dyssenterie. — Wesel, le 16 Déc.

Lecras, Louis, Dufauet (Morbihan), 10e ligne, dyssenterie. — Wesel, le 16 Déc.

Limond, François, 69e ligne, ulcères. — Mayence, le 18 Déc.

Lenormand, Henri, 2e zouaves, pneumonie. — Mayence, le 15 Déc.

Lucasse, Joseph, St-Martin (Deux-Sèvres), 41e ligne, inflamm. du cerveau.— Stettin, le 14 Décembre.

Laissus, Claude, Villiers (Rhône), 91e ligne, pneumonie. — Stettin, le 16 Déc.

Letourneau, Jean, Mouzeil, cant. de Ligné (Loire-Inférieure), 64e ligne, fièvre typh. Carthausen, le 13 Déc.

Larmonier, Pierre, Corberon, cant. de Seurre (Côte-d'Or), 2e marine, fièvre typh. — Carthausen, le 19 Déc.

Lathière, Pierre, La Barbarie, cant. d'Oradour-sur-Vayres (H.-Vienne), 65e ligne, fièvre typh. — Carthausen, le 20 Déc.

Lamiève, Jacques, Montech (Tarn-et-Garonne), 91e ligne. — Camp François, le 17 Décembre.

Lefraud, Adolphe, St-Michel, cant. de La Ferté-Macé (Orne), 93e ligne. — Camp François, le 18 Déc.

Léonard, Stanislas, 4e chass., fièvre typh. — Erfurt, le 20 Déc.

Letutouz, Pierre, 59e ligne,   do   Mayence, le 23 Déc.

Lirou, Jules, 29e ligne, petite vérole. — Mayence, le 22 Déc.

Lannay, Eug., 6e ligne,   do   Spandau,   24

Leblond, Constant, 7e huss., do   Glogau,   22

Lepape, François, Penvénan (Côtes-du-Nord), 85e ligne, dyssenterie. — Glogau, le 24 Décembre.

Lenost, Paul, (Nord), 37e ligne, petite vér. — Glogau, le 22 Déc.

Legouaille, René, ouvr. d'administr., diarrhée. — Coblence, le 17 Déc.

Laurent, Jean-Baptiste, Longois (Jura), dragons de la garde, petite vérole. — Glogau, le 26 Déc.

Lehelley, François-Marie, St-Caradec (Côtes-du-Nord), catarrhe intestinal. 8e drag., — Stettin, le 20 Déc.

Leroy, Charles, Plesnois (Moselle), garde mobile, fièvre typhoïde. — Stettin, le 20 Décembre.

Lourins, Louis, Angers (Maine-et-Loire), 1er génie, pneumonie. — Stettin, le 23 Décembre.

Lambert, Jacques, garde mob., petite vér. — Torgau, le 19 Déc.

Lebyon, Félix, 6e lanciers, fièvre typh.   do   19

Latrone, Arsène, 10e ligne,   do   do   21

Lalane, Jean, 50e ligne, dyssent. — Cosel, le 25 Déc.

Laurent, Claude, Cerilly (Allier), 1er train d'artillerie, fièvre typhoïde. — Glogau, le 27 Décembre.

Lepage, Henri, 2e zouaves, pet. vér. — Mayence, le 25 Déc.

Lavergne, Jean, 76e ligne, capor., fièvre typh. — Mayence, le 27 Déc.

Leroi, Charles, 6e chass.,   do   Danzig, le 26 Déc.

Leroi, Constantin, Tatinghem (Pas-de-Calais), 54e ligne, petite vérole. — Glatz, le 26 Décembre.

Legueyx, Barnabé, Jouy-sous-Telle (Oise), 1er bat. d'Afr., caporal, petite vér. — Glatz, le 26 Décembre.

Langlade, Jean-Baptiste, Saint-Sauveur (Landes), 60e ligne, phthisie. — Thorn, le 28 Décembre.

Lelodot, Jules, Ravenouville (Manche), 72e ligne, petite vérole. — Glogau, le 28 Déc.

Lecoq, Lerdos, 7e huss., dyssent. — Glogau, le 27 Déc.

Ledormeur, Victor, Megrit, (Côtes-du-Nord), 1er artill., caporal, pneumonie. — Posen, 23 Décembre.

Legrand, Joseph, Bazoches (Ille-et-Vilaine), 94e ligne, fièvre typhoïde. — Neisse, le 26 Décembre.

Lachase, Albert, Langogne (Lozère), carabiniers, fièvre typhoïde. — Neisse, le 25 Décembre.

Labrouse, Jean, 7e chass., fièvre. — Minden, le 13 Déc.

Lemoine, François, 11e artill., fièvre. — Minden, 19 Déc.
Lin, Jean, Boucy (Indre), 37e ligne, petite vér. — Glogau, le 18 Déc.
Lelièvre, Alexis, (Orne), 98e ligne, dyssent. — Glogau, le 29 Déc.
Lafitte, Jean, St-Sever (Landes), 72e ligne, dyssenterie. — Posen, le 30 Déc.
Lambolay, Félicien, La-Lanterne (Haute-Saône), 1er artill., fièvre typh. — Posen, le 31 Décembre.
Letourneur, Laurent, 3e chass., fièvre typh. — Torgau, le 25 Déc.
Laverloppe, Charles, Grand-Pommier (Creuse), 55e ligne, dyssenterie. — Torgau, le 26 Décembre.
Lecalvez, François, Plumaudan (Côtes-du-Nord), 12e dragons, petite vér. — Torgau, le 26 Déc.
Lin, Armand, Vaudry (Calvados), 5e artill., fièvre typh. — Torgau, le 27 Déc.
Lacour, Joseph, Bellecour, 81e ligne,   ·do   Kœnigsberg, le 26 Déc.
Lebrun, Charles, La-Bazoche-Gouet (Eure-et-Loir), 64e ligne, dyssenterie. — Wesel, le 21 Décembre.
Lefève, Antoine, Oeuillit (Marne), 9e ligne, dyssenterie. — Wesel, le 23 Déc.
Lesporon, Antoine, 41e ligne, pet.-vér. — Cologne, le 23 Déc.
Lefèvre, Albert, 1er génie, bronchite. — Cologne, le 26 Déc.
Lallemand, ? 31e ligne, pneumonie. — Mayence, le 31 Déc.
Lair, François, 69e ligne, dyssenterie. — Spandau, le 1er Janv.
Leguinier, Louis, personne civile, dyssenterie. — Mayence, le 29 Déc.
Lastre, Aug., 5e ligne, pet.-vér. — Mayence, le 30 Déc.
Liauthier, Édouard-Guillaume, 4e chass., brigadier, dyssenterie. — Wittenberg, le 25 Décembre.
Lacroix, Marie, Plombalay (Côtes-du-Nord), 69e ligne, fièvre typh. — Stettin, le 23 Décembre.
Léger, Jean, Autreuil (Charente), 5e ligne, pet.-vér. — Stettin, le 25 Déc.
Lambert, Jacques, Villette (Moselle), garde mob., pet.-vér. — Torgau, le 20 Déc.
Lebyon, Félix, Ste-Marie-du-Bois (Manche), 6e lanciers, fièvre typh.   do
Latronc, Arsène, St-Vigor (Manche), 10e ligne, fièvre typh. — Torgau, le 21 Déc.
Letourieur, Laurent, St-Ouen-des-Toits (Mayenne), 3e chass., phthisie. — Torgau, le 24 Décembre.
Legall, François-Marie, St-Segal (Finistère), 21e ligne, pet.-vér. — Torgau, le 26 Décembre.
Lepos, Louis, Vierzon (Cher), 21e ligne, pet.-vér. — Torgau, le 26 Déc.
Lebian, Alain, Morbihan, 55e ligne, fièvre typh. — Torgau, le 29 Déc.
Léger, Charles, Bournaisse (Gers), 55e ligne, fièvre typh. Torgau, le 29 Déc.

Mausset, Louis, 9e ligne. — Trèves, en Nov.
Massena, Joach., 28e ligne.   do
Minguy, Jean, 15e chass. — Berlin, le 12 Nov.
Mouchit, Stanislas, 19e ligne, typhus. — Pasewalk, le 27 Nov.
Majar ou Maillard, Aug., bat. des ingénieurs. — Remilly, le 27 Nov.
Michel, Ernest, Paris, 12° ligne, s.-offic. — Ennery, le 25 Nov.
Moulin, Hipp., la Rochepaule, 48e ligne. — Darmstadt, le 29 Août.
Mohamed-ben-Ali, Alger, 1er turcos, 3e b., 4e c.   do   le 2 Sept.
Monnet, Nicolas, Pichange, 18e ligne.   do   le 19 Oct.
Minné, Octave, 26e ligne. — Nancy, le 28 Nov.
Massé, Aug., Bauzel, 5e huss., blessés aux cuisses. — St-Mihiel, le 2 Oct.
Monnier, Pierre, 47e ligne. — Haguenau, le 11 Nov.
Maurot, Pierre, St-Fulgent (Vendée), 35e gardes mob. — Epernay, le 10 Déc.
Müller, Charles, Wissembourg, garde mob., phthisie. — Rastadt, le 10 Nov.
Ménétrier, Edmond, 13e ligne. — Sarrelouis, le 28 Nov.
Mohier, Léon, Paris, garde mob., 14e b., coup de feu au pied dr. — Gones.e, le 8 Nov
Masson, Jean, 2e ligne, dyssenterié. — Cologne, le 24 Nov.
Mallet, Constant, 20e ligne, fièvre gastrique. — Cologne, le 1er Déc.
Maitret, Henri, 2e marine, serg.-major. dyssenterie. — Cologne, le 6 Déc.
More, Joseph, 1er génie, dyssenterie. — Kalk, le 28 Nov.

Milard, Auguste, Chauvoncourt (Meuse), garde mobile, petite-vérole. — Wesel, le 7 Novembre.

Marconnet, François, Tournot (Indre), 91e ligne, pneumonie. — Wesel, le 8 Déc.

Machu, Jules, 5e artill., pneumonie. — Erfurt, le 6 Nov.

Martini, Angelo, 77e ligne, pneumonie. — Erfurt, le 7 Nov.

Mercier, François, 21e ligne, fièvre typh. — Mayence, le 7 Nov.

Michesnol, Pierre, 76e ligne, do do 7 Nov.

Marquis, Jean, 3e génie, do do 8 Nov.

Muchaud, Ferdinand, 1er huss., blessure par balle. — Mayence, le 8 Nov.

Moncion, Jean, 24e ligne, fièvre typh. do 8 Nov.

Mariat, Alexis, garde impér., fièvre nerveuse. — Cosel, le 8 Nov.

Mandon, Auguste, Barempuyre (Gironde), fièvre typh. — Neisse, le 6 Nov.

Mourier, Raymond, aux Salles (Ardèche), 13e ligne, fièvre typhoïde. — Wesel, le 5 Décembre.

Mesnage, Bon, Picauville (Manche), 85e ligne, fièvre typhoïde. — Wesel, le 7 Décembre.

Méran, Toussaint, Plessix (Côtes-du-Nord), 44e ligne, fièvre typhoïde. — Wesel, le 7 Décembre.

Maylander, Jean, Wolfisheim (Bas-Rhin), 4e ligne, sergent, dyssenterie. — Glogau, le 10 Décembre.

Massé, Sylvestre, 43e ligne, fièvre typh. — Mayence, le 9 Déc.

Mesnier, Léopold 76e ligne, do do 9 Déc.

Martin, Auguste, 90e ligne, fièvre typh. — Spandau, le 10 Déc.

Mathiaud, Homère, 21e ligne, fièvre typh. — Erfurt, le 10 Déc.

Moing, Jean-Marie, 11e ligne, fièvre typh. — Erfurt, le 10 Déc.

Mahut, Célestin-Félix, Passavant, garde mobile, fièvre typhoïde. — Glogau, le 13 Décembre.

Morel, Emile, 96e ligne, fièvre typh. — Coblence, le 4 Déc.

Ménard, Alphonse, Yvetot (Seine-Inférieure), 14e ligne, pneumonie. — Carthausen, le 8 Décembre.

Maisonneuve, Jean, Arde, canton d'Issoire (Puy-de-Dôme), 3e zouaves, fièvre typhoïde. — Carthausen, le 10 Déc.

Marin, Pierre, 18e ligne, bronchite. — Mayence, le 11 Déc.

Michel, François, 23e ligne, caporal, petite-vér. — Erfurt, le 13 Déc.

Marie, Auguste-Achille, 65e ligne, fièvre typh. — Cosel, le 14 Déc.

Mohamed-Ben-Bouschid, Dellys (province d'Alger), 1er tirailleurs, vérole. — Neisse, le 13 Décembre.

Meunier, Bartholomé, Vouzon (Loir-et-Cher), 5e artillerie, fièvre typhoïde. — Neisse, le 12 Déc.

Melschissedec, Auguste, St-Dié (Vosges), 8e ligne, fièvre typhoïde. — Neisse, le 12 Décembre.

Mollin, Jules, 76e ligne, fièvre typh. — Mayence, le 14 Déc.

Mandon, Auguste, Jeurday, canton Satillieu (Ardèche) 3e grenadiers, dyssent. — Neisse, le 6 Déc.

Maurice, Louis, Bonneuil-Matours (Vienne), 74e ligne, caporal, fièvre typh. — Neisse, le 10 Décembre.

Magieux, Léonard, 7e chass., fièvre typh. — Erfurt, le 10 Déc.

Massin, Jules, 64e ligne, fièvre typh. — Coblence, le 7 Déc.

Mugnier, Pierre, 91e ligne, dyssent. — Coblence, le 8 Déc.

Masson, François, Vic (Meurthe), 33e ligne, fièvre typhoïde. — Posen, le 10 Décembre.

Mangot, Camille, Montdidier (Somme), 3e dragons, fièvre typhoïde. — Posen, le 11 Décembre.

Martel, Jean-Baptiste, Tartonne (Basses-Alpes), 83e ligne, fièvre typhoïde. — Posen, le 10 Décembre.

Moulager, Jean, 2e ligne, dyssent. — Mayence, le 19 Déc.

Martin, Félix, Gerardmer (Vosges), 66e ligne, pneumonie. — Torgau, le 10 Déc.

Martin, Joseph, Grenoble, 55e ligne, fièvre typh. — Torgau, le 11 Déc.

Maillot, Charles, Fallin (Creuse), 20e art., fièvre typh. — Torgau, le 11 Déc.

Mouchau, Charles Presentevillers (Doubs), 66e ligne, fièvre typhoïde. — Torgau, le 13 Décembre.

Müller, César, Pleye (Sarthe), 100ᵉ ligne, fièvre typh. — Torgau, le 19 Déc.
Maréchal, Alfred, instituteur, dyssent. — Wittenberg, le 10 Déc.
Moreau, Alexandre, St-Lin (Deux-Sèvres), voltigeurs de la garde, fièvre typhoïde. — Neisse, le 15 Décembre.
Morvan, Guillaume, Plounérin (Côtes-du-Nord), 24ᵉ ligne, dyssenterie. — Glogau, le 18 Décembre.
Mesle, Emile, 30ᵉ ligne, fièvre typh. — Mayence, le 16 Déc.
Marangean, Jean, 90ᵉ ligne, épuisement. — Spandau, le 17 Déc.
More, Victor, Namur (Côte-d'Or), 54ᵉ ligne, fièvre typh. — Wesel, le 16 Déc.
Marquézi, André-Philibert, Rouen, 1ᵉʳ chasseurs d'Afrique, fièvre typhoïde. — Wesel, le 17 Déc.
Mollon, Alphonse, 1ᵉʳ chasseurs, fièvre typh. — Cologne, le 9 Déc.
Marthelot, Mayen, 7ᵉ art., fièvre typh. — Cologne, le 9 Déc.
Maheux, Jean-Auguste, 3ᵉ génie, fièvre typh. — Cologne, le 9 Déc.
Martin, François, 3ᵉ génie, phthisie. — Cologne, le 10 Déc.
Marène, C., Ollioules (Var), 93ᵉ ligne, petite vér. — Stettin, le 16 Déc.
Maurice, Xavier, 30ᵉ ligne,   do   Mayence, le 21 Déc.
Müller, César, 12ᵉ drag., phthisie. — Torgau, le 16 Déc.
Morin, Charles, 2ᵉ ligne, fièvre typh. — Torgau, le 18 Déc.
Moulin, Antoine, Saint-Cyprien (Aveyron), fièvre typh., 5ᵉ artillerie. — Carthausen, le 27 Déc.
Montels, Phil., Albi (Tarn), caval. de remonte, fièvre thyph., — Carthausen, le 20 Déc.
Maridet, Mathieu, cant. Mayet-de-Montagne (Allier), 8ᵉ dragons, fièvre typh. Kœnigsberg, le 13 Décembre.
Masson, Franç.-Joseph, St-Martin-du-Mont cant. St-Seine-l'Abbaye (Côte-d'Or), 15ᵉ dragons, fièvre typh. — Camp François, le 12 Déc.
Marie, Jacques, Longueville cant. Isigny (Calvados), 15ᵉ ligne. — Camp François, le 13 Décembre.
Moguet, Louis, Verviers (Savoie), 15ᵉ ligne. — Camp Français, le 15 Déc.
Magnière, Charles, Assan, cant. Blagny, (Côte-d'Or), 15ᵉ ligne. — Camp François, le 18 Décembre.
Morier, Joseph, Vernes (Maine-et-Loire), 15ᵉ ligne. — Camp François, le 19 Déc.
Malbrun, Auguste, 50ᵉ ligne, fièvre typh. — Erfurt, le 22 Déc.
Martinet, Julien, chass. de la garde, fièvre typh. — Mayence, le 23 Déc.
Moussette, Alphonse, Moutiers (Deux-Sèvres), 98ᵉ ligne, caporal, dyssenterie. — Glogau, le 25 Décembre.
Mériné, François, Moussais (Vienne), 17ᵉ artill., phthisie. — Glogau, le 23 Déc.
Mouillé, Louis, Ligny, 28ᵉ ligne, fièvre typh. — Stettin, le 18 Déc.
Mutin Georges, Grasse (Alpes-Maritimes), 5ᵉ ligne, pet.-vér. — Stettin, le 21 Déc.
Manet, Jean-Louis, Esprels (H.-Saône), 7ᵉ ligne, sergent, pet.-vér. — Stettin, le 23 Déc.
Marton ? 44ᵉ ligne, inflamm. intestinale. — Torgau, le 19 Déc.
Mellinger, Jacques, 2ᵉ ligne, dyssenterie. — Torgau, le 21 Déc.
Mangea, Jean, garde mob., dyssenterie. — Torgau, le 21 Déc.
Magnavant, Jean, 23ᵉ ligne, dyssenterie.   do
Moindrau, Ch.-Etienne, Cernoy (Loiret), chass. à pied, dyssenterie. — Glogau, le 27 Déc.
Mariette, Jules, 2ᵉ voltigeurs de la garde, fièvre typh. — Mayence, le 25 Déc.
Meunier, François, 76ᵉ ligne, pet.-vér. — Mayence, le 27 Déc.
Moizan, René-Marie, Lampaul (Finistère), 54ᵉ ligne, fièvre typh. — Glatz, le 24 Déc.
Machuré, Victor, Drosnay, cant. Vitry-le-Français, garde mob., fièvre typh. — Glogau, le 27 Décembre.
Micoine, Jean, St Priest, (Dordogne), 61ᵉ ligne, dyssenterie. — Posen, le 20 Déc.
Maugé, Alphonse, Becherel (Ille-et-Vilaine), 3ᵉ dragons, brigadier, dyssenterie. — Posen, le 22 Décembre.
Marie, Charles, Barel (Seine), 9ᵉ chasseurs, caporal, fièvre typhoïde. — Posen, le 25 Décembre.
Mignard, René, St-Eloi (Nièvre), garde mob. fièvre typh. — Posen, le 26 Déc.
Monteuil, Michel-Joseph, Andouille (Mayenne), 3ᵉ train, fièvre typhoïde. — Neisse, le 26 Décembre.
Mazambillet, Etienne, Mouguerre (Basses-Pyrénées), 94 ligne, fièvre typh. — Neisse, le 26 Décembre.

Mourlou, Maxime, Cour Cheverny (Loir-et-Cher), 8e ligne, vérole. — Neisse, le 26 Déc.
Masson, Eugène, Nonancourt, (Eure), 12e artill. fièvre typh. — Neisse, le 23 Déc.
Monnet, Jean-Marie, Lyon, 23e ligne, fièvre typh. — Neisse, le 24 Déc.
Masson, Justin, 8e ligne, dyssenterie. — Minden, le 9 Déc.
Mérigeon, Jean, 7e chass. fièvre typh.   do   23 Déc.
Mayaux, Céleste, 54e ligne, fièvre. — Minden, le 28 Déc.
Mouilleron, Eugène, 87e ligne, pet.-vér. — Mayence, le 28 Déc.
Mameppe, Casimir. Créquy (Pas-de-Calais), 7e hussards, vérole. — Glogau, le 29 Déc.
Missehof, Bernard, La Barthe-Inard (H.-Garonne), 1er génie, pneumonie. — Stettin, le
    27 Décembre.
Moreau, Jean, 12e dragons, dyssenterie. — Torgau, le 26 Déc.
Mandry, Pierre, 36e ligne, paralysie des poumons. — Torgau, le 26 Déc.
Metger, François, Mollkirch (Bas-Rhin), 6e ligne, fièvre typh. — Wesel, le 19 Déc.
Maupoix, Léon, Beyiat (Charente), garde mob.   do   do   20 Déc.
Morandel, Alexandre, St-Etienne-du-Bois (Ain), 13e ligne, dyssenterie. — Wesel, le
    24 Décembre.
Martres, Jean-Marie, Lorette (Corse), 6e ligne, dyssenterie. — Wesel, le 25 Déc.
Morichau, Jacques, 31e ligne, fièvre typh. — Mayence, le 31 Déc.
Michel, Simon, garde mob., pet.-vér.   d⁰
Merle, Claude, 55e ligne, paralysie des poumons. — Erfurt, le 30 Déc.
Mingole, Jean-Marie, Betpoucy (Hautes-Pyrénées), garde national, pet.-vér. — Glatz, le
    29 Décembre.
Matray, Jean, Roanne, 18e ligne, dyssenterie. — Neisse, le 28 Déc.
Manteaux, Eugène, Liérans (H.-Saône), 44e ligne, pneumonie. — Neisse, le 28 Déc.
Meunier, Pierre, Dormatoiron (Meurthe), 55e ligne, caporal, petite-vérole. — Torgau,
    le 20 Décembre.
Morin, Charles, Mantrouse (Manche), fièvre typh. — Torgau, le 20 Déc.
Marton, Byon, (Côte-d'Or), 44e ligne, pneumonie.   do   20 Déc.
Mellinger, Jacques Königsmecker, (Moselle), 2e ligne, dyssenterie. — Torgau le 21 Déc.
Mangéde, Jean, (Moselle), garde mob., dyssenterie.   do   21 Déc.
Magnavant, Jean, St-Etienne, 23e ligne, catarrhe intestinal.   do   21 Déc.
Moreau, Jean, Crevant, (Indre), 12e dragons, catarrhe.   do   26 Déc.
Mandry, Pierre, St-Ors (Savoie), 36e ligne, dyssenterie.   d⁰   26 Déc.
Martel, August, Bailleul (Nord), 23e ligne, fièvre typh.   do   23 Déc.

Nadeau, Jean, 34e ligne, ℰe b , 2e c. — Mersebourg, en Déc.
Naumann, Charles, 100e ligne. — Berlin, le 30 Nov.
Nimsgern, Jean-Michel, (Moselle), garde mobile, fièvre typhoïde. — Torgau, le
    9 Novembre.
Nectoux, Claude, St-Léger-sur-d'Heune (Saône-et-Loire), 13e lig., fièv. typh. et dyssent.
    Wesel, le 6 Déc.
Noé, Ludovic, St-Aubin (Eure), 7e huss., dyssent. — Glogau, le 16 Déc.
Napios, Pierre, Nimbaste (Landes), 7e lanciers, fièvre typhoïde. — Posen, le
    11 Décembre.
Nonn, Ludwig, Offenbach (Bas-Rhin), 16e artillerie, dyssenterie. — Neisse, le
    18 Décembre.
Nadau, Jean, 34e ligne, fièvre typh. — Wittenberg, le 16 Déc.
Normand, Joseph, 80e ligne, catarrhe. — Minden, le 12 Déc.
Nicard, Jean, Dornes (Nièvre), garde mob., pneumonie. — Posen, le 26 Déc.
Nicolet, Jacques, 15e ligne, variole. — Glogau, le 25 Déc.
Noël, Placide, Mont-Derimé (Aube), 8e ligne, dyssenterie. — Neisse, le 23 Déc.

Orpin, Pierre, Boise (Mayenne), 43e ligne, petite vér. — Posen, le 6 Déc.
Ori, Jean, Marnans (Isère), 8e ligne, fièvre typh. — Neisse, le 14 Déc.
Offredeau, Marie, Baud (Morbihan), 10e ligne, dyssent. — Wesel, le 14 Déc.
Ode, Victor, Codolet (Gard), 32e ligne, phthisie. — Torgau, le 25 Déc.

Pondroy, Jean, 54e ligne, anémie. — Boulay, le 8 Nov.
Pallec, Toussaint, 10e ligne, caporal. — Tréves, en Nov.
Perrin, Pierre, 90e ligne.   do
Paillon, Jean, 74e ligne. — Mannheim, en Déc.
Perron, Martin, (Allier), 98e ligne. — Neuwied, le 24 Nov.
Perruchon, Louis, 24e ligne, 1er b., 6e c. — Darmstadt, le 27 Oct.
Poncet, François, 27e ligne. — Hamm, le 22 Nov.
Philippe, François-Jean, 10e ligne. — Hamm, le 29 Nov.
Palaprat, Jean, St-Antoine (Tarn-et-Garonne),3e grenad. de la garde.— Nancy, le 31 Oct.
Pénissat, Etienne-Emile, 135e ligne, caporal. — Plessis-Bouchard, le 7 Déc.
Poreycégas, Bernard, 66e ligne. — Rastadt, en Nov.
Pot, Jules, 54e ligne. — Sarrelouis, le 24 Nov.
Pierrat, Jean-Bapt., Paris, 14e b. de la garde mob., coup de feu à la poitrine. — Go-
nesse, le 3 Nov.
Poireau, Célestin, Laferrière (Vendée), 49e ligne, fièvre typhoïde. — Posen, le
7 Décembre.
Picard, Julien, Saint-Graveur (Morbihan), 49e ligne, fièvre typhoïde. — Posen, le
7 Décembre.
Perrier, Baptiste, Poujade (Corrèze), 47e ligne, fièvre typh. — Posen, le 3 Déc.
Petit, Victor, Serlaz (Ardèche), 83e ligne, fièvre typh. — Posen, le 5 Déc.
Pollet, Jean-Bapt., 3e train, petite vér. — Cologne, le 3 Déc.
Pontet, Félicien, 12e ligne, dyssent. — Kalk, le 29 Nov.
Perier, Charles-Désiré, 3e génie, pneumonie. — Kalk, le 29 Nov.
Preux, Joseph, 44e ligne, fièvre typh. — Kalk, le 5 Déc.
Perrot, Victor, Charrey (Côte-d'Or), 9e dragons, brigadier, fièvre tyh. — Wesel, le
4 Décembre.
Pymont, Léonard, Mourigal (Corrèze), 14e artillerie, fièvre typhoïde. — Wesel, le
5 Décembre.
Pradel, Joseph-Hector, Paris, 57e ligne, fièvre typh. — Wesel, le 6 Déc.
Perrin, Jean-Bapt., 1er ligne, fièvre typh. — Erfurt, le 7 Déc.
Pomier, Jean, 80e ligne, apoplexie. — Mayence, le 7 Déc.
Puittard, Ant., 95e ligne, fièvre typh.   do   8 Déc.
Prierre, Principe, Courrien (Sarthe), 62e ligne, pneumonie. — Danzig, le 6 Déc.
Pizet, Armand, Vieillevigne (Loire-Inférieure), 97e ligne, catarrhe. — Neisse, le
8 Décembre.
Plattel, Charles, Angoulême, 3e garde, vérole. — Neisse, le 8 Déc.
Priou, Eugène 12e drag., dyssent. — Torgau, le 8 Nov.
Potel, François, Leures (Pas-de-Calais), 65e ligne, fièvre typhoïde. — Wesel, le
6 Décembre.
Paillard, Louis-Auguste, Villeneuve-le-Roi (Oise), 10e ligne, fièvre typhoïde. — Wesel,
le 8 Décembre.
Pelletier, Edouard, (Loire), 5e artill., fièvre typh. — Torgau, le 5 Déc.
Piednoir, Isid., Livet (Mayenne), 2e ligne,   do   do   8 Nov.
Prion, Eug., Chalais (Charente), 12e drag, do   do   8 Déc.
Pecot, Jules, Louvetot (Seine-Inférieure), 75e ligne, fièvre typhoïde. — Stettin, le
3 Décembre.
Pierron, Charles, Collincourt (Vosges), garde mobile, dyssenterie. — Stettin, le
5 Décembre.
Perret, Jean, St-Denis-de-Gastines (Mayenne), 54e ligne, fièvre typhoïde. — Glatz, le
9 Décembre.
Paratre, Gabriel, Ghoseau (Moselle), 96e ligne, fièvre typh. — Glogau, le 11 Déc.
Pujol, Martin, Camsunay (Tarn), 37e ligne, fièvre typhoïde. — Glogau, le 12 Décembre.
Preunier, Alexis, 43e infanterie, petite vérole. — Coblence, le 1er Décembre.
Pinot, Elie, Villy-Charlemagne (Mayenne), 14e infanterie, fièvre typhoïde. — Carthausen,
le 5 Décembre.
Ponce, Louis-Jean-Baptiste, Auraizon, cant. Emaire (Basses-Alpes), 4e cuirass., péri-
tonite. — Carthause, le 9 Décembre.
Proudhomme, Armand, 76e ligne, fièvre typhoïde. — Mayence, le 13 Décembre.

Philippon, Jacques, 19e ligne, dyssenterie. — Mayence, le 13 Décembre.
Polier, Jean, Posse (Orne), 93e ligne, fièvre typhoïde. — Glogau, le 16 Décembre.
Poirier, Alfred, Belloy (Vosges), 63e ligne, petite vérole. — Glogau, le 15 Décembre.
Peyraire, Vincent, 5e chass., fièvre typhoïde. — Danzig, le 11 Décembre.
Pansiot, Auguste, Martincourt (Vosges), 1er train des équipages, fièvre typhoïde. — Glatz, le 11 Décembre.
Périer, Stanislas, 15e infant., petite vérole. — Coblence, le 3 Décembre.
Prévot, Alfred, 26e infant., fièvre. — Coblence, le 3 Décembre.
Perrin, Pierre, Clemy (Côtes-du-Nord), 75e ligne, fièvre typh. — Posen, le 16 Déc.
Petit-Prost, Charles, Longchamps, 20e ligne, fièvre typhoïde. — Glogau, le 21 Décembre.
Pourriot, Louis, Guerre (Aisne), 8e ligne, dyssenterie. — Neisse, le 19 Décembre.
Piot, Jules, garde mobile, petite vérole. — Mayence, le 19 Décembre.
Prellé, Joseph, Siveant (Loire), lanciers de la garde, fièvre typhoïde. — Neisse, le 14 Décembre.
Petit, André, zouaves de la garde, pneumonie. — Mayence, le 16 Décembre.
Parmentier, Auguste, Pagny-la-Blanche-Côte (Meuse), garde mobile, petite vérole. — Wesel, le 9 Décembre.
Ponton, Casimir, St-Sauveur-de-Montagut (Ardèche), 85e ligne, phthisie. — Wesel, le 11 Décembre.
Pansard, Alexis, Plounez (Côtes-du-Nord), 65e ligne, fièvre tyhoïde et tuberculose. — Wesel, le 13 Décembre.
Poiche, Henri, 41e ligne, phthisie. — Kalk, le 8 Décembre.
Portalès, Louis-Aubert, 6e infant., fièvre typhoïde. — Erfurt, le 16 Décembre.
Pouaillier, ?, 23e infanterie, fièvre typhoïde. — Erfurt, le 18 Décembre.
Petron, Pierre, 11e infanterie, petite vérole. —   do   do
Prévost, Edouard, Passy-Grigny (Marne), 50e ligne, fièvre typhoïde. — Wesel, le 16 Décembre.
Plondel, Alfred, 12e ligne, fièvre typhoïde. — Cologne, le 9 Décembre.
Peiller-Curt, François-Siméon, au Mont-Saxonnais (Haute-Savoie), 3e chass., petite vérole. — Stettin, le 17 Décembre.
Pition, Henri, Lyon, 27e ligne, fièvre typhoïde. — Stettin, le 18 Décembre.
Pastier, François, 2e ligne, caporal, fièvre typhoïde. — Torgau, le 18 Décembre.
Poertin, Eugène, 23e infant., dyssenterie. — Mayence, le 19 Décembre.
Papillon, Louis-Justin, Rocquemont, cant. St-Saens (Seine-Inf.), 7e artill., fièvre typh. Carthausen, le 12 Déc.
Perrucot, Jean, Aixe (Hte-Vienne), 89e ligne, asthme. — Carthausen, le 17 Déc.
Pinchon, Henri, Mantes (Seine-et-Oise), artill. de la garde, fièvre typh. — Carthausen, le 27 Déc.
Porchet, Pierre, Cléder, cant. Plonieride, (Finistère), 19e rég. — Camp. François, le 14 Décembre.
Paget, Louis, 70e ligne, fièvre typh. — Danzig, le 22 Déc.
Peret, Hippolyte, 1er marine, fièvre typh. — Mayence, le 21 Déc.
Passerelle, Franç., 17e artill., petite vér. — Glogau, le 23 Déc.
Pitau, Jean, Pamplie (D.-Sèvres), 96e ligne, fièvre typh. — Glogau, le 21 Déc.
Pohen, René-Marie, 15e ligne,   do   Coblence, le 14 Déc.
Pradal, Jean, 2e ligne, phthisie. — Coblence, le 16 Déc.
Pillet, Joseph, Saint-Cassain (Savoie), 2e ligne, paralysie des poumons. — Torgau, le 20 Décembre.
Piotte, Hippolyte, Boufaud (Seine-et-Marne), 90e ligne, fièvre typhoïde. — Torgau, le 23 Décembre.
Perus, Alfred, 23e ligne, vérole. — Glogau, le 23 Déc.
Poncet, Blaise, Ambérieux (Ain), 17e chasseurs, catarrhe intestinal. — Glogau, le 27 Décembre.
Petter, Etienne, 63e ligne, péritonite. — Mayence, le 25 Déc.
Priens, Henri, 72e ligne, fièvre typh.   do   27 Déc.
Pigau, 37e ligne,   do   do   26 Déc.
Picard, Gustave, 80e ligne, diarrhée. — Danzig, 26 Déc.
Planche, Désiré, Guichimette (Eure), garde nationale, petite vérole. — Glatz, le 25 Décembre.
Prauch, Arnould, Allas (Gironde), 8e ligne, fièvre typh. — Neisse, le 24 Déc.

Pordherot, Antoine, 95e ligne, dyssent. — Minden, le 25 Déc.
Pelletier, Pierre, 59e ligne, fièvre. — Minden, le 29 Déc.
Plantin, Eugène, 84e ligne, fièvre typh. — Mayence. le 29 Déc.
Porcher, Jean, Saint-Quentin (Indre-et-Loire), 74e ligne, petite vérole. — Stettin, le 26 Décembre.
Pellegrini, Joseph, Vico, cant. de Corte (Corse), 22e ligne, petite vérole. — Stettin, le 28 Décembre.
Petit, François, 122e ligne, fièvre typh. — Kœnigsberg, le 27 Déc.
Poujol, Etienne, Nasbinals (Lozère), 10e chasseurs, fièvre typhoïde. — Wesel, le 22 Décembre.
Pierret, Félix, Gerardmer (Vosges), 8e artill., petite vér. — Wesel, le 24 Déc.
Pourret, Antoine, 32e ligne, dyssent. — Kalk, le 22 Déc.
Penven, Franç.-Marie, 2e marine, pneumonie. — Kalk. le 24 Déc.
Poirier, Guillaume, 32e ligne, phthisie. — Kalk, le 24 Déc.
Potredon, Corentin, 40e ligne, fièvre typh. — Cologne, 29 Déc.
Pic, Henri, 32e ligne, phthisie.   do   23 Déc.
Piron, Louis, 2e marine, gangrène.   do   23 Déc.
Plançon, Frédéric, 20e ligne, petite vér.   do   23 Déc.
Paris, François, 67e ligne, petite vér. — Mayence, le 1er Janv.
Pieg, Pierre, Villeprenay (Yonne), 1er génie, petite vér. — Stettin, le 24 Déc.
Paslier, Franç., Bousse (Sarthe), 2e ligne, fièvre typh. — Torgau, le 20 Déc.

Quentin, Théoph., 19e ligne. — Trèves, en Nov.
Querreloet, Jean-MMarie, 17e ligne, petite vér. — Erfurt, le 22 Déc.

Rousset, Etienne, 43e ligne. — Berlin, le 25 Nov.
Ruot, François, 33e ligne. — Sarrelouis, le 21 Déc.
Riboules, Casimir, 98e ligne. — Trèves, en Nov.
Regis. François, 54e ligne.   do
Ramplon, Bernard, 15e ligne.   d°
Reig, Maurice, voltig. de la garde, coup de feu à la cuisse. — Ennery, le 28 Nov.
Répierre, Louis, St Chaulien, 4e ligne. — Darmstadt, le 29 Sept.
Rage, Alexandre, 3e zouaves, caporal. — Cassel, le 2 Déc.
Roulleau, Louis-Charles, Angoulême, 91e ligne, typhus. — Angermünde, le 10 Déc.
Ruin, Auguste, 37e ligne, capit. — Viroflay, le 11 Sept.
Renault, Auguste, (Seine-et-Oise), 40e ligne. — Rastadt, le 19 Nov.
Rouanet, Théodore, 57e ligne, épuisement. — Berlin, le 29 Nov.
Robinné, Désiré, 31e ligne, fièvre typhoïde. — Cologne, le 4 Décembre.
Redos, Jean-Marie-François, 12e ligne, fièvre typhoïde. — Kalk, le 3 Décembre.
Renaud, Edouard, Paris, 45e ligne, pneumonie. — Glogau, le 10 Décembre.
Rodier, F., St-Jean-de-Buéges (Hérault), 20e chass., fièvre typhoïde. — Glogau, le 10 Décembre.
Rat, Ernest, St-Jean-des-Achelles (Sarthe), 12e ligne, paralysie du cerveau. — Wesel, le 9 Décembre.
Renoud, Jean, La Chapelle-Rousselin (Maine-et-Loire), 91e ligne, dyssenterie. — Stettin, le 7 Décembre.
Rignolot, Pierre, 13e ligne, four., fièv. typh. — Mayence, le 9 Décembre.
Remy, Louis, 67e ligne, petite vérole. —   »   le 9   »
Rebulet, Henri, 1er dragons, fourier, fièvre typh.   »   le 10   »
Riehl, Georges, Zeinheim (Bas-Rhin), 4e ligne, caporal, fièvre typhoïde. — Citadelle Graudenz, le 9 Décembre.
Rayau, Claude, Colombier (Saône-et-Loire), 18e infanterie, fièvre typhoïde. — Glogau, le 12 Décembre.
Rongvaux, Jules-Joseph, ouvriers du génie, dyssenterie. — Coblence, le 6 Novembre.
Risbec, Guillaume, 2e chass., fièvre typhoïde. — Coblence, le 9 Novembre.
Rivereau, Michel, 18e ligne, fièvre typh.   d°   13 Déc.

Robert, Nicolas, Norroi-le-Veneur (Moselle), garde mobile, fièvre typh. — Stettin, le 12 Décembre,

Robin, Jean, Vertrieux (Isère), carabiniers, brigadier, fièvre typhoïde. — Niesse, le 12 Décembre.

Redinger, Aloys, 33e ligne, dyssent. — Coblence, le 3 Déc.

Benard, Adolphe, Courtenay (Loiret), ouvriers d'administr., fièvre typh. — Posen, le 12 Décembre.

Roubeaux, Félix, 80e ligne, fièvre typh. — Danzig, le 20 Déc.

Rayet, Claude, Lyon, 23e ligne, sergent-fourrier, fièvre typhoïde. — Torgau, le 11 Décembre.

Rivat, Victor, Villamour (Meurthe), 19e ligne, fièvre typ. — Torgau, le 17 Déc.

Rousseau, Auguste, Conté (Somme), 55e ligne, fièvre typh. — Torgau, le 17 Déc.

Ragnaud, Sylvain, 5e chass., fièvre typh. — Wittenberg, le 10 Déc.

Romemont (de), Marie-Charles-Maurice, 5e chass, maréchal-des-logis, fièvre typh. — Wittenberg, le 16 Déc.

Roussin, Louis, 4e ligne, fièvre gastrique. — Wittenberg, le 16 Déc.

Remmei, Charles, 2e chass., fièvre typh. — Mayence, le 21 Déc.

Rivat, Victor, 19e ligne, phthisie. — Torgau, le 14 Déc.

Ruppert, Remy, Strasbourg, 15e chass., fièvre gastrique. — Kœnigsberg, le 15 Déc.

Richard, Conrad, 1er drag., dyssent. — Glogau, le 23 Déc.

Robert, Léon, Soissons, 18e ligne, fièvre typh. — Glogau, le 24 Déc.

Rechellec, Jean-Marie, Nantes, 25e chass., dyssent. — Neisse, le 22 Déc.

Richier, Jean-François, Beaumont (Meuse), 8e ligne, fièvre typhoïde. — Neisse, le 22 Décembre.

Robiquet, 68e ligne, bless. par balle. — Erfurt, 25 Déc.

Ramée, Franç., 67e ligne, petite vér. — Mayence, le 25 Déc.

Rousseau, Aug., Le Mans, 85e ligne, petite vér. — Torgau, le 19 Déc.

Renard, René, Lyon, garde mob., do Torgau, le 21 Déc.

Rolland, Victor, Vetter (Indre), 37e ligne, pneumonie. — Glogau, le 27 Déc.

Ruault, Auguste, 21e ligne, pneumonie. — Mayence, le 25 Déc.

Randoux, Auguste, St-Join (Seine-Inférieure), garde nationale, sergent, fièvre typh. — Glatz, le 23 Déc.

Roche, Auguste, Quernbour (Basses-Alpes), 15e ligne, fièvre typhoïde. — Glatz, le 24 Décembre.

Ruault, Magloire, Beaurepaire (Seine-Inférieure), garde nationale, petite-vér. — Glatz, le 27 Déc.

Roussele, Cyrille, 1er ligne, dyssent. — Minden, le 9 Déc.

Raffaut, Léon, 82e ligne, fièvre typh. — Minden, le 26 Déc.

Rivière, Guillaume, 2e ligne, pet.-vér. — Mayence, le 29 Déc.

Rinio, Jean, 18e ligne, fièvre typh. — Mayence, le 29 Déc.

Rousié, Camille, Meyrueis (Lozère), 83e ligne, pet.-vér. — Glogau, le 29 Déc.

Rolin, Ernest-Paulin, La Croix-en-Champagne, garde-mobile, petite-vér. — Glogau, le 29 Décembre.

Rumeaux, Paul, Montesquin (Savoie), 9e chasseurs, phthisie. — Posen le 29 Déc.

Renard, Eug., Eu (Seine-Inférieure), 65e ligne, fièvre. — Stettin, le 30 Déc.

Regert, Joseph-Henri, St-Paul-le-Jeune (Ardèche), 18e ligne, petite-vér. — Torgau, le 24 Décembre.

Rinié, Pierre, Suic (Loire-Inf.), 90e ligne, pneumonie. — Torgau, le 27 Déc.

Ravidat, Elie, Ajirat (Dordogne), 72e ligne, fièvre typh. — Wesel, le 21 Déc.

Ribassin, Eug., 47e ligne, fièvre typh. — Kalk, le 27 Déc.

Revière, Théophile, 47e ligne, fièvre typh. — Mayence, le 1er Janv.

Simonet, 12e ligne, pneumonie. — Boulay, le 6 Nov.

Sohn, 8e artill. — Trèves, en Nov.

Sauvage, Pierre, 5e b. chass. à pied. — Trèves, en Nov.

Sorg, Michel, Hattmatt, 11e ligne, 1er b., 6e c., coup de feu à la cuisse, — St-Mihiel, le 29 Oct.

Sallaville, Barthelemy, la-Roque, 5e chass. à p, 5e c., blessé au bras et à la cuisse. — Courcelles, le 3 Déc.

Sabaton, Emile, 65e ligne (?), 2e h. 4e c. — Berlin, le 22 Nov.
Sauvegrain, François, Courliézy (Marne), 18e ligne, dyssenterie. — Posen, le
3 Décembre.
Saliès, Hippolyte, 17e ligne, fièvre typh. — Erfurt, le 7 Déc.
Santourin, Jean, 77e ligne, do do
Saulnier, Aug., Merle (Loire), 33e ligne, do Glogau, le 9 Déc.
Semeux, Pierre-Pompée, Etalleville (Seine-Infér.), 80e ligne, petite vérole. — Wesel,
le 8 Décembre.
Schmidt, Jean-Martin, Saultzen (Bas-Rhin), 27e ligne, fièvre typhoïde. — Torgau, le
2 Décembre.
Saucet, Sylvain, Metz, fièvre typh. — Stettin, le 5 Déc.
Schmiedlen, Joseph, Sirentz (Haut-Rhin), 2e génie, fièvre typhoïde. — Glatz, le
10 Décembre.
Scrippe, Pierre, zouaves de la g., fièvre typh. — Mayence, le 11 Déc.
Saverot, Louis, garde mob., petite vér. do
Siegel, Georges, Biedersdorf (Moselle), 2e hussards, brigadier, fièvre typh. — Glogau,
le 14 Décembre.
Sebastien, Nicolas, ouvrier du génie, petite vér. — Coblence, le 2 Déc.
Schuhmacher, 15e ligne, fièvre typh. do 30 Nov.
Sallabéry, Arnaud, 13e artill., fièvre typh. — Mayence, le 12 Nov.
Saly, Florent, 84e ligne, pneumonie. do 13 Déc.
Schautier, Franç., 3e volt. de la g., fièvre typh. do 14 Déc.
Senne, Jean, Obersabach (Bas-Rhin), 7e ligne, fièvre typh. — Stettin, le 7 Déc.
Seguinaux, Blaise, Vouillé (Vendée), 54e ligne, sergent, fièvre typhoïde. — Glatz, le
15 Décembre.
Stephan, Jacque, Plonchour (Finistère), 72e ligne, dyssent. — Neisse, le 14 Déc.
Schwartzentruber, Jean, 60e ligne, petite vér. — Mayence, le 14 Déc.
Saulnier, Jacques, Quincampoix (Seine-Inférieure), 1er artill., fièvre typh. — Glatz, le
11 Décembre.
Sallenave, Jean, Bénégeac (Basses-Pyrénées), 11e dragons, fièvre typh. — Glatz, le
11 Décembre.
Souchard, Jean, 26e ligne, fièvre typh. — Coblence, le 4 Déc.
Soudy, Pierre-Marie, Chassigny (Saône-et-Loire), 93e ligne, caporal, dyssent. — Posen,
le 16 Décembre.
Sauterre, Jean, Perran (Morbihan), 43e ligne, dyssent. — Glogau, le 21 Déc.
Schwartz, Martin, Elois (Vosges), 1er génie, do Neisse, le 19 Déc.
Samson, Polimis, Thilly (Calvados), 95e ligne, fièvre typh. — Torgau, le 11 Déc.
Simon, Prosper-Marie, Plouaret (Côtes-du-Nord), 98e ligne, dyssenterie. — Glogau, le
21 Décembre.
Silvert, Pierre, 50e ligne, caporal, petite vér. — Mayence, le 17 Déc.
Sorieul, Denis, Aux Temples, 10e cuirassiers, dyssenterie. — Wesel, le 13 Décembre.
Simon, Joseph, Yvetot (Seine-Inférieure), 70e ligne, phthisie. — Wesel, le 14 Décembre.
Simon, Adolphe-Louis, Vignes (Yonne), 1er ligne, petite vérole. — Stettin, le 14 Décembre.
Servignac, Marie, Royat (Ain), 2e chasseurs, dyssenterie. — Glogau, le 19 Décembre.
Suez, Jean-Louis, Pruillé-le-Chétif (Sarthe), 85e ligne, fièvre typhoïde. — Wesel, le
11 Décembre.
Sarnin, Alphonse, Ecoche (Loire), 6e chasseurs, fièvre typhoïde. — Wesel, le 13 Déc.
Sauval, Léon, 19e ligne, paralysie des poumons. — Torgau, le 11 Décembre.
Stoll, François-Louis, Strasbourg, 65e ligne, caporal, pneumonie. — Carthausen, le
14 Décembre.
Salabert, Joseph, Aubin (Aveyron), 3e ligne, fièvre typh. — Carthausen, le 14 Déc
Sarochi, Jean-Joseph, Roussio (Corse), 4e cuirassiers, fièvre typhoïde. — Carthausen, le
19 Décembre.
Sutter, Louis, Strasbourg, 4e dragons, fièvre typh. — Königsberg, le 8 Déc.
Sabourin, Pierre, Grasse, 37e ligne, pet-vér. — Glogau, le 22 Déc.
Sol, Etienne, 55e ligne, péritonite. — Erfurt, le 19 Déc.
Schmidt, Victor, Benouvre (Côte-d'Or), 18e ligne, petite-vérole. — Glogau, le
27 Décembre.
Sommier, Jean-Marie, 20e ligne, fièvre typh. — Erfurt, le 26 Déc.
Sarbassière, Félix, 88e ligne, fièvre typh. — Mayence, le 24 Déc.

Stalin, Alfred, Gonneville (Seine-Inférieure), 7e ligne, fièvre typhoïde. — Stettin, le 20 Décembre.

Salin, Pierre, St-Pierre-d'Eyraud (Dordogne), 56e ligne, phthisie. — Torgau, le 21 Décembre.

Seclier, Léopold-Tursic, Mont-Dauphin (Seine-et-Marne), 1er art., inflam. des intestins. — Torgau, le 21 Déc.

Sales, Pierre-Henri, Beaulieu (Corrèze), 2e ligne, caporal, fièvre typhoïde. — Torgau, le 21 Déc.

Stoffel, Jean-Nicolas, Guinglange (Moselle), garde-mobile, phthisie. — Torgau, le 22 Décembre.

Séguin, Gaspard, Saint-Alleyre (Hérault), 83e ligne, épuisement. — Torgau, le 23 Décembre.

Sary, Auguste, Luc (Aveyron), 3e garde, dyssent. — Glogau, le 26 Déc.

Sylvain, Paturel, 58e ligne, fièvre typh. — Danzig, le 28 Déc.

Stock, Antoine, Offendorf, (Bas-Rhin), 23e ligne, fièvre typhoïde. — Neisse le 24 Décembre.

Strassbach, Jean-Baptiste, 8e ligne, pneumonie. — Neisse, le 24 Déc.

Suet, 44e ligne, fièvre. — Minden, le 6 Déc.

Savatier, Jean, zouaves de la garde, petite-vérole. — Mayence, le 29 Déc.

Saffray, Victor, 7e hussards, dyssent. — Glogau, le 30 Déc.

Sailler, Alphonse, 18e ligne, fièvre typh. — Glogau, le 29 Déc.

Sellier, Jean, Triaucourt (Meuse), 80e ligne, fièvre typh. — Wesel, le 21 Déc.

Sire, Henry, Montière (Vendée), 54e ligne, fièvre typhoïde. — Wesel, le 25 Déc.

Salles, Auguste, 23e ligne, fièvre typh. — Wittenberg, le 30 Déc.

Segris, Jean, Bovil (Basses-Pyrénées), 95e ligne, fièvre typhoïde. — Torgau, le 28 Décembre.

Scherrer, Charles, Ilzaroh (H.-Rhin), 63e ligne, fièvre typh. — Torgau, le 28 Déc.

Trivier, Jean, Plassac (Dordogne), 96e ligne. — Carlsruhe, en Nov.

Talmat, Jos.-Sylvain, Rigny (H. Saône), 10 de ligne, sergent-fourrier. — Neuwied, le 21 Novembre.

Thurot, Rernois, 64e ligne. — St-Mihiel, le 19 Septembre.

Thessier, Marius, Chalons, 6e artill., typhus. — St-Mihiel, le 16 Oct.

Torin, Cyprien, Lessay (Manche), 65e ligne, petite vérole. — Posen, le 5 Décembre.

Thomasset, Félicien, Balmont (Haute-Saône), 83e ligne, fièvre typhoïde. — Posen, le 6 Décembre.

Trébault, Michel, 1er génie, petite vérole. — Cologne, le 26 Novembre.

Thevenot, François, 13e ligne, sous-lieutenant, fièvre typhoïde. — Cologne, le 25 Nov.

Thomassin, Léon, 13e artillerie, fièvre typhoïde. — Mayence, le 9 Décembre.

Trauet, Jules, Moy (Aisne), 2e garde impér. fièvre typhoïde. — Neisse le 8 Décembre.

Tharet, Léonard-Edouard, Néville (Seine-Inférieure), 2e dragons, fièvre typhoïde. — Torgau, le 4 Décembre.

Toutin, Désiré, (Eure-et-Loir), 2e zouaves, fièvre typhoïde. — Torgau, le 6 Décembre.

Tenaillaud, Pierre, Poiré (Vendée) 50e ligne, petite vérole. — Stettin, le 6 Décembre.

Thouin, Honoré, 18e ligne, phthisie. — Mayence, le 10 Décembre.

Tudie, Jean, 15e chasseurs, fièvre typhoïde. — Danzig, le 13 Décembre.

Thieret, Charles, 45e ligne, petite vérole. — Mayence, le 13 Décembre.

Tual, Louis-Marie, Huvigny (Morbihan), 7e hussards, fièvre nerveuse. — Glogau, le 12 Décembre.

Tirchonny, Noël, 80e ligne, fièvre typhoïde. — Danzig, le 20 Décembre.

Terefort, Antoine, Cosne, 12e chasseurs, fièvre typhoïde. — Torgau, le 13 Décembre.

Texier, Etienne, Sautine (Côte-d'Or), 55e ligne, fièvre typhoïde. — Torgau, le 14 Déc.

Theinlaux, Jacques, Présentevillers, (Doubs) 2e ligne, fièvre typhoïde. — Torgau, le 19 Décembre.

Terrade, Jean, Legnard (Creuse), 19e ligne, fièvre typhoïde. — Wesel, le 10 Décembre.

Tano, Pierre-Jean, Bonnabet (Finistère) 10e ligne, dyssenterie. — Wesel, le 17 Déc.

Thévenot, Pierre, 95e infanterie, petite vérole. — Mayence, le 18 Décembre.

Trocmé, Innocent, 1er génie, phthisie. — Cologne, le 10 Décembre.

Thusset, Etienne, 1er génie, fièvre typhoïde. — Cologne, le 11 Décembre,
Talibart, François, St-Brion (Côtes-du-Nord), 5e ligne, pneumonie. — Stettin, le 14 Déc.
Traversin, Joseph, Senaut (Bouches-du-Rhône), 11e dragons, pneumonie. — Stettin, le 17 Décembre.
Tirefort, Antoine, 12e chasseurs, phthisie. — Torgau, le 13 Décembre.
Tixier, Etienne, 55e ligne, pleuritonite. — Torgau, le 14 Décembre.
Trony, Victor, Paris, rue Pont-Royal 3, 2e lanciers, pneumonie. — Carthausen, le 7 Déc.
Tallet Jean, Bonvois-sur-Mer (Vendée), 50e ligne, fièvre typh. — Carthausen, le 16 Décembre.
Thibot, Emile, 2e zouaves, fièvre typh. — Dantzig, le 24 Déc.
Tromer, Estelle, Camembert (Orne), guides, dyssenterie. — Neisse, le 21 Déc.
Thomas, Martin, Loubressac (Lot), 7e dragons, fièvre typh. — Neisse, le 22 Déc.
Tholance, Louis, Alleyras, (H.-Loire), 9e chass , fièvre typh. — Posen, le 20 Déc.
Trébeau, Fernand, Varennes-St.-Sauveur (Saône-et-Loire), 17e ligne, phthisie. — Posen, le 28 Décembre.
Trigaulet, Alfred, 63e ligne, phthisie. — Mayence, le 28 Déc.
Tevienot, Poisson (Saône-et-Loire), 61e ligne, tuberculose. — Posen, le 28 Déc.
Timon, Jean, 68e ligne, dyssenterie. — Torgau, le 25 Déc.
Thiphaine, André, Feucuse (Seine-et-Oise), 16 artill., fièvre typh. — Torgau, le 27 Décembre.
Thorel, Joseph, Louviers, 1er artill., brigadier, fièvre typh. — Wesel, le 21 Déc.
Tschiember, Naurod, 17e artill.,　　　　　　do　　　Kalk, le 19 Déc.
Torchy, Emile, 27e ligne, pneumonie. — Cologne, le 21 Déc.
Trousselard, Justin, 84e ligne, dyssenterie. — Mayence, le 29 Déc.
Tanguy, René, garde mob., fièvre typh. — Mayence, le 30 Déc.

Uques, Alexis, Hazebrouck (Nord), 2e ligne, fièvre typhoïde. — Posen, le 9 Décembre.

Vaise, Martin, 13e ligne, dyssenterie. — Boulay, le 6 Nov.
Viorron, C.-Ph., Noson (Loire), 97e ligne, 1er b., 1re c., c. de feu à la jambe g. — Nancy, le 17 Nov.
Vial, Eug.-Désiré, 91e ligne, 3e b., sous-lieut., blessé au genou dr. — Pont-à-Mousson, le 21 Novembre.
Valot, Paul, 110e ligne, sous-lieut. — Ablon, le 12 Déc.
Vanhoutte, Louis, 65e ligne. — Berlin, le 22 Nov.
Vameris, Henri, 1er ligne. — Sarrelouis, le 26 Nov.
Vieux, Jean-Baptiste, Mézerville (Aude) 3e marine, apoplexie. — Posen, le 30 Novembre.
Valck, Claude, Anjeaut (Haut-Rhin), 10e ligne, fièvre gastrique. — Glogau, le 12 Déc.
Verdier, Jean, 99e infanterie, fièvre typhoïde. — Erfurt, le 8 Décembre.
Valette, Louis, 81e ligne, fièvre typhoïde. — Mayence, le 14 Décembre.
Véron, Constant, Champsecret (Orne), 2e gard., fièvre typhoïde. — Neisse, le 12 Déc.
Valih, Claude, Anicaud (Haut-Rhin), 10e ligne, dyssenterie. — Glogau, le 12 Décembre.
Vincent, Clément-Alexandre, 51e infanterie, petite vérole, — Coblence, le 5 Novembre.
Vala, François, 15e infanterie, fièvre. — Coblence, le 2 Décembre.
Vautrain, Emile, 64e infanterie, dyssenterie. — Coblence, le 3 Décembre.
Vinçent, Lucien, Dourron (Seine-Inférieure), 1er ligne, dyssenterie. — Posen, le 12 Décembre.
Virot, Etienne, Rigny (Haute-Saône), 6e ligne, fièvre typhoïde. — Posen, le 18 Décembre.
Vernus, François, Chauveille (Saône-et-Loire), 2e ligne, fièvre typhoïde. — Torgau, le 11 Décembre.
Vidalliac, Jean-Pierre, 44e ligne, maladie du cœur. — Kalk, le 10 Décembre.
Valogne, Célestin, 44e ligne, petite vérole. — Mayence, le 15 Décembre.
Vitasse, Henri, 17e artill., petite vérole. — Mayence, le 16 Décembre.
Verneuil, Adolphe, Paris, 29e ligne, fièvre typhoïde. — Stettin, le 16 Décembre.
Veliot, François, 55e ligne, petite vérole. — Torgau, le 18 Décembre.
Vendoux, Cyprien, 87e ligne, fièvre typh. — Mayence, le 23 Déc.
Vigne, Pierre, chass. à chev.,　　do　　　　　　do

Vedis, Auguste, Lamené cant. Montmirail (Sarthe), 96ᵉ ligne, pneumonie. — Thorn, le 23 Décembre.
Vioux, Emile, 89ᵉ ligne, paralysie des poumons. — Erfurt, le 19 Déc.
Vandamme, Ludovic, 16ᵉ artill., petite vér. — Torgau, le 20 Déc.
Vaisecon, Pierre, 55ᵉ ligne, dyssenterie. — Torgau, le 21 Déc.
Villaunie, Bapt., 23 ligne, paralysie du poumon. — Torgau, le 22 Déc.
Villa, Paul, 82ᵒ ligne, dyssenterie. — Torgau, le 23 Déc.
Voltier, Auguste, 2ᵒ ligne, pet.-vér. — Mayence, le 25 Déc.
Vaillant, Benoit, St-Maurice (Loire), 6ᵉ artill. fièvre typh. — Glatz, le 26 Déc.
Vigneron, Martial, Misonne (H.-Vienne), 47ᵉ ligne, fièvre typh. — Neisse, le 23 Déc.
Vasseur, César, 15ᵉ artill., dyssenterie. — Minden, le 9 Déc.
Vogel, Antoine, Falguersheim (H.-Rhin), 61ᵒ ligne, fièvre typh. — Posen, le 28 Déc.
Vadecard, Anatole, Esterville (Seine-Inférieure), garde mob., fièvre typh. — Wesel, le 23 Décembre.
Vincent, Louis, 13ᵉ ligne, fièvre typh. — Wesel, le 24 Déc.
Vidal, Pierre, 29ᵉ ligne, phthisie. — Kalk, le 25 Déc.
Villion, Louis-Ignace, 3ᵉ lanciers, épuisement. — Wittenberg, le 23 Déc.
Voy, Constant, 3ᵉ lanciers, catarrhe.   dᵒ
Vitry, Arsène, 29ᵉ ligne, sergent-fourrier, fièvre typh. — Wittenberg, le 31 Déc.
Vouase, Auguste, Pexonne (Meurthe), 3ᵉ garde, fièvre typh. — Neisse, le 28 Déc.
Veyrat, François, Usinent (Haute-Savoie), 55ᵉ ligne, fièvre typhoïde. — Torgau, le 28 Déc.
Valette, André, Bounes-Château (Loire), 66ᵒ ligne, étouffement. — Swinemunde, le 10 Janvier, 1871.
Wolf, Nicolas, 67ᵉ ligne. — Berlin, le 23 Nov.
Wellin, Isidore, (Isère) 89ᵒ ligne. — Halle, le 21 Nov.
Wendling, Léon, St-Martin (B.-Rhin), 29ᵉ ligne. fièvre typh. — Kœnigsberg, le 28 Décembre 1870.
Wolhuter, Daniel, 84ᵉ ligne, fièvre typh. — Mayence, le 21 Déc.

Ziegler, Nicolas-Jean, Ars-sur-Moselle, garde mobile, petite vérole. — Stettin, le 10 Décembre.

Benza, Paul Nice (Alpes-Maritimes), 56ᵉ ligne, pneumonie. — Schwinemunde, le 14 Janvier, 1871.
Dupas, François, Enand (Côtes-du-Nord), 71ᵉ ligne, catarrhe. — Schwinemunde, le 15 Janvier, 1871.

Nom inconnu, 2ᵉ chass. à chev., 2ᵉ esc., typhus. — Boulay, le 2 Novembre.

AVIS IMPORTANT

La conclusion de la paix entraînant le rétablissement des relations postales entre la France et l'Allemagne, le *Comité international à Genève* et son *Agence internationale à Bâle* suppriment dès à présent les services spéciaux et temporaires qu'ils avaient établis :

1° Pour la transmission des lettres ;
2° Pour les envois d'argent ;
3° Pour les renseignements sur les soldats disparus ;
4° Pour la publication des listes de blessés.

Les intéressés pourront s'adresser dorénavant aux Comités centraux de Paris (hôtel Rothschild, rue Lafitte), et de Berlin (Unter den Linden, 74).

Quant aux secours en argent ou en nature, le Comité et l'Agence vont procéder à la liquidation des ressources qui sont encore entre leurs mains.

Les dons ultérieurs devront être adressés directement aux Sociétés allemandes et française de la Croix rouge.

Vu l'importance qu'avaient pris pendant la guerre les bureaux de Genève et de Bâle, il est désirable que les personnes qui auront connaissance du présent avis, veuillent bien lui donner la plus grande publicité possible.

Les six listes qui ont été publiées se vendent au profit de l'œuvre du Comité international de secours.

Prix : 1 fr. 50 la première; 1 fr. les suivantes. Pour la France (rendues franco), 1 fr. 75 la première; 1 fr. 20 les suivantes, contre valeur en mandats de poste.

S'adresser à M. Georg, libraire à Bâle et à Genève.

GENÈVE. — IMPRIMERIE PFEFFER ET PUKY, RUE DU MONT-BLANC.

www.ingramcontent.com/pod-product-compliance
Ingram Content Group UK Ltd.
Pitfield, Milton Keynes, MK11 3LW, UK
UKHW020649120726
13658UKWH00006B/1130